(사)한국어문회 주관 | 교육급수

한자능력 검정시험

4급

기출 · 예상 문제집

배정한자 + 기출문제 완벽 반영!
예상문제 15회 + 기출 · 예상문제 5회 수록!

- 한자어의 이해와 활용능력을 길러주기 위한 다양한 유형의 문제 수록
- 본 시험과 같은 유형의 기출 · 예상문제 수록
- 실제 시험처럼 연습할 수 있는 답안지 수록

한자능력검정시험 4급
기출·예상문제집

머리말

문자는 언어를 체계화하여 인간의 내면세계를 구체화하고 서술하는 데에 필요한 도구이다. 따라서 한 나라의 문자 정책은 그 나라의 이상과 추구를 구체화하며 아울러 세계 인류의 의식세계를 교류하는 데에 가교架橋 역할을 한다.

지금 우리나라는 문자 정책의 혼선으로 말미암아 어문 교육 정책은 실마리를 찾지 못하고 있으며, 사회 각처에서의 언어적 무가치와 무분별한 외래어 남용을 해소할 수 없어 내 나라 내 글인 한국어의 우수성을 저버리고 있다.

새삼 한국어의 구성을 강조하지 않더라도 한국어는 한자와 한글로 구성되었음은 누구나 아는 사실이다. 특히 그 구성에 있어서 한자 어휘가 약 70% 이상을 차지하고 있으므로 한자와 한글을 따로 떼어서 교육하려는 것은 굴대에서 바퀴가 빠진 수레를 몰고자하는 것과 같다. 그럼에도 불구하고 학자들 간의 이권利權으로 말미암아 어문 정책이 양분되어 논쟁을 벌이는 것은 불필요한 지식 소모에 지나지 않는다.

이로 인하여 **(사)한국어문회**에서는 우리글인 한국어를 올바로 인식시키고, 고급 지식의 경제 생산을 이룩하기 위하여 초등학생부터 일반인에 이르기까지 '한자능력검정시험'을 시행하고 있다. 매년 수험생이 증가하고 있어 다행한 일이라 여겨지기는 하나 전국민이 학교의 의무 교육으로부터 올바른 한국어 교육을 받을 수 있도록 정책을 세우는 것보다는 못할 것이다.

한편 사회 각처에서 국한國漢혼용의 필요성이 대두되면서 한자교육학회의 난립과 한자검정시험이 난무하고 있어, 오랜 세월 학자들이 주장해온 국한 혼용의 본래 취지와 한국어 교육의 참뜻을 저해할까 두려운 마음이 앞선다.

다행히 무분별한 외래문화의 수용 속에서 우리 것을 바로 알고 지켜나가는 **(사)한국어문회**가 어문 정책의 일환으로 추진하는 '한자능력검정시험'이 꾸준히 뿌리를 내리고 있어 한결 마음 뿌듯하며, 한국어 학습자와 수험생에게 조금이나마 보탬이 되고자 이 책을 펴낸다.

원 기 춘

차례

- 머리말 3
- 차 례 4
- 시작하기 전에 5
- 출제기준 6
- 100% 내 것으로 만들기 7
- 꾸준이의 일기(성적) 8
- 급수별 배정한자(8급 ~ 4급) 9
- 시험에 꼭 출제되는 꾸러미 26
- 4급 예상문제(1회 ~ 15회) 61
- 4급 연습용 답안지 109
- 4급 기출·예상문제(1회 ~ 5회) 143
- 정답 및 해설 161
  - 예상문제 정답 및 해설 (1회 ~ 15회)
  - 기출·예상문제 정답 및 해설(1회 ~ 5회)

시작하기 전에

01 본 문제집은 급수별 시험에 대비하는 학생이나 사회인이 한자어의 이해와 활용 능력을 기르는 데에 도움이 되도록 엮은 것이다.

02 본 문제집은 (사)한국어문회에서 주관하고 한국한자검정회에서 시행하는 한자능력검정시험의 출제유형에 따라 예상문제와 기출·예상문제를 구성한 것이다.

03 본 문제집은 한자능력검정시험과 같이 문제지와 답안지를 별도로 수록하여, 본 시험에 대비해 보다 실전에 가까운 체험을 할 수 있도록 꾸며졌다.

04 본 문제집은 먼저 답안지에 1차 답안을 작성하여 채점한 후에 틀린 부분을 문제지에서 다시 풀어 볼 수 있도록 구성하였다.

05 본 문제집의 예상문제는 출제기준에 따라 각 급수에 배정된 한자의 범위 안에서 엮은 것으로, 본 시험에 가깝게 난이도를 조정하였으며 별도로 정답과 해설을 수록하여 문제의 이해를 높이려고 하였다.

06 (사)한국어문회에서 주관하고 한국한자검정회에서 시행하는 한자능력검정시험은, 급수별로 8급(50자) / 7급Ⅱ(100자) / 7급(150자) / 6급Ⅱ(225자) / 6급(300자) / 5급Ⅱ(400자) / 5급(500자) / 4급Ⅱ(750자) / 4급(1,000자) / 3급Ⅱ(1,500자) / 3급(1,817자) / 2급(2,355자) / 1급(3,500자) / 특급Ⅱ(4,918자) / 특급(5,978자) 등에 배정된 한자의 범위에서 출제되고 있어서 국내 여러 한자검정시험 중 급수별로 가장 많은 배정한자를 지정하고 있다.

07 한자 관련 시험의 종류로는 (사단법인)한국어문회에서 주관하고 한국한자능력검정회에서 시행하는 한자능력검정시험과 국내 각종 한자자격시험 및 한자경시대회 등이 있다.

출제기준

- 상위급수 한자는 모두 하위급수 한자를 포함하고 있습니다.
- 쓰기 배정 한자는 한두 급수 아래의 읽기 배정한자이거나 그 범위 내에 있습니다.
- 공인급수는 특급 ~ 3급II이며, 교육급수는 4급 ~ 8급입니다.
- 출제기준표는 기본지침자료로서, 출제자의 의도에 따라 차이가 있을 수 있습니다.
- 급수는 특급, 특급II, 1급, 2급, 3급, 3급II, 4급, 4급II, 5급, 5급II, 6급, 6급II, 7급, 7급II, 8급으로 구분합니다.

구분	특급	특급II	1급	2급	3급	3급II	4급	4급II	5급	5급II	6급	6급II	7급	7급II	8급
독음	45	45	50	45	45	45	32	35	35	35	33	32	32	22	24
한자쓰기	40	40	40	30	30	30	20	20	20	20	20	10	0	0	0
훈음	27	27	32	27	27	27	22	22	23	23	22	29	30	30	24
완성형(成語)	10	10	15	10	10	10	5	5	4	4	3	2	2	2	0
반의어(相對語)	10	10	10	10	10	10	3	3	3	3	3	2	2	2	0
뜻풀이	5	5	10	5	5	5	3	3	3	3	2	2	2	2	0
동음이의어	10	10	10	5	5	5	3	3	3	3	2	0	0	0	0
부수	10	10	10	5	5	5	3	3	0	0	0	0	0	0	0
동의어(類義語)	10	10	10	5	5	5	3	3	3	3	2	0	0	0	0
약자	3	3	3	3	3	3	3	3	3	3	0	0	0	0	0
장단음	10	10	10	5	5	5	3	0	0	0	0	0	0	0	0
한문	20	20	0	0	0	0	0	0	0	0	0	0	0	0	0
필순	0	0	0	0	0	0	0	0	3	3	3	3	2	2	2
출제문항(計)	200			150			100				90	80	70	60	50
합격문항	160			105			70				63	56	49	42	35
시험시간(분)	100	90		60			50								

- 한자능력검정시험은 《(사)한국어문회》가 주관하고, 《한국한자능력검정회》가 1992년 12월 9일 전국적으로 시행하여 현재에 이르기까지 매년 시행하고 있는 국내 최고의 한자자격시험입니다. 또한 시험에 합격한 재학생은 내신 반영은 물론, 2000학년부터 3급과 2급 합격자를 대상으로 일부 대학에서 특기자 전형 신입생을 선발함으로써 더욱 권위있고 의미있는 한자자격시험으로 인정받고 있습니다.
- 《(사)한국어문회》는 1992년 6월 22일에 문화부 장관 인가로 발족하고, 그 산하에 《한국한자능력검정회》를 두고 있습니다.
- 한자능력검정시험은 국어의 전통성 회복과 국어 생활을 바르게 하는 데에 그 목적이 있습니다. 따라서 시험에 출제되는 내용은 교과서·교양서적·논고 등에서 출제될 것입니다.

100% 내 것으로 만들기

이 책은 '한자능력검정시험'에 대비하여 자신이 그동안 공부한 것을 평가하고, 자신에게 부족한 것이 무엇인가를 확인할 수 있도록, 시험 출제 가능성이 큰 내용을 위주로 엮은 것입니다. 아래의 길라잡이는 수험생이 자기 실력을 향상시키는 데에 도움이 될 수 있는 요점을 정리한 것이니, 이 책을 학습하기 전에 꼭 읽어보도록 하세요.

✓ **문제 풀이하기** 시험지가 몇 회인지, 시험 시간과 출제 문항수를 확인하고, 문제지 뒤에 붙어있는 답안지를 오려서 문제 번호를 확인하며 답안을 작성합니다.

✓ **정답 및 해설 확인하기** 시험을 마친 후에는 정답의 번호를 확인하며 답안지에 틀린 것을 표시합니다. 그런 다음에는 틀린 문제의 해설을 확인하고 오답의 이유가 무엇이었는지를 알아야 합니다.

✓ **학습 효과 높이기** 틀린 문제를 공책에 별도로 적어두었다가 반복하여 쪽지 시험으로 확인하면 학습의 효과를 높일 수 있습니다.

✓ **자신의 실력을 인정하기** 문제를 풀이한 후에 점수가 70점이 넘지 않은 수험생은 기초가 튼튼하지 못하다는 것을 스스로 인정하고, 문제집 앞에 수록된 배정한자, 반의어, 유의어, 한자성어 등을 학습하여야 합니다. 기초가 튼튼하지 않으면 공부를 해도 실력이 향상되지 않기 때문입니다.

✓ **기초 튼튼 다지기** 먼저 불투명한 종이로 배정한자의 훈과 음을 가리고 한자만을 보고 훈과 음을 읽는 연습을 합니다. 그런 다음에는 한자를 가리고 훈과 음만을 보고 한자 쓰기 연습을 합니다.
무엇보다 자신의 실력을 인정하고 부족한 것부터 채워가는 노력이야말로 최고의 학습 방법입니다.

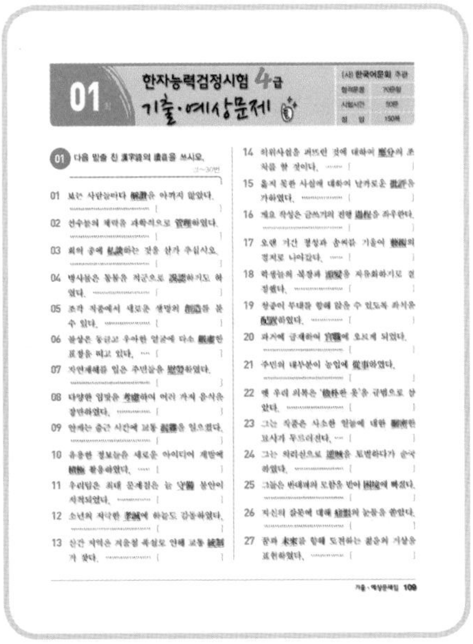

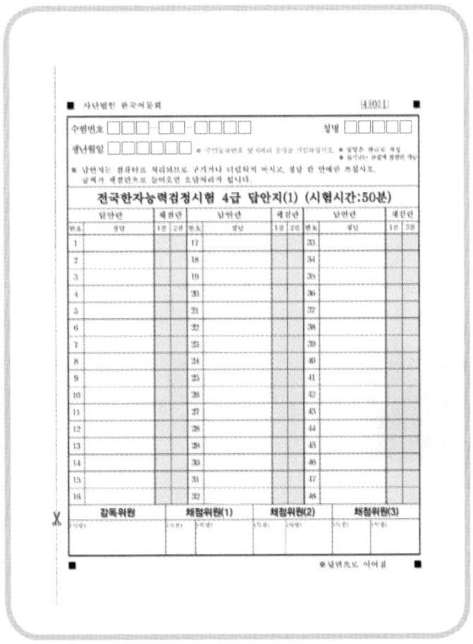

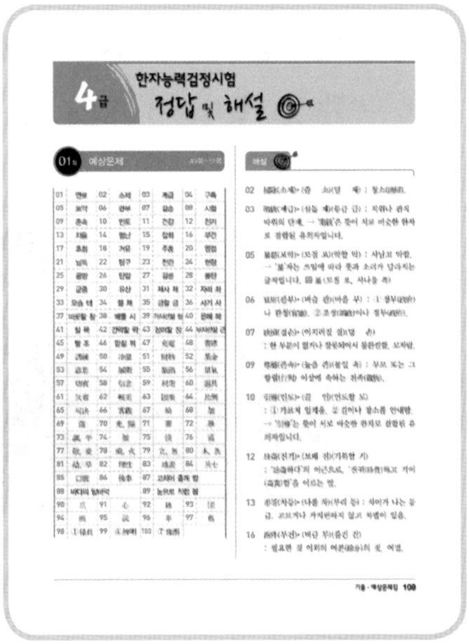

꾸준이의 일기

성적(成績)

오늘은 한자 시험을 치르는 날이었다.

"70점만 받으면 합격이다!" 그 정도 점수를 얻는 것은 그렇게 어려울 것 같지 않았다.

하지만 선생님께서 "성적은 쌓는 것이 아니라, 천을 짜는 것과 같은 것이다."라고 하신 말씀이 생각났다.

오늘 점수 50점과 내일 점수 50점을 합친다고 해서 온전한 100점이 될 수 있는 것이 아니라는 말씀이셨다.

예를 들어, 100점이 '옷 한 벌을 지을 수 있는 천을 짠 것'이라면 70점은 같은 수고를 했으면서도 '옷 한 벌을 온전하게 지을 수 없어서 나중에 30점을 더해도 누더기 옷을 지을 수밖에 없다'는 것이다.

"아, 100점으로 합격해서 멋진 옷을 만들어 입고 싶다!!"

✔ '성적(成績)'은 '이룰 성(成)'자와 '길쌈 적(績)'자로 이루어진 한자어입니다. '길쌈 적(績)'자와 '쌓을 적(積)'자를 구별하세요!

8급~4급 급수별 배정한자(가나다 순) 1000자

ː표는 長音, ‣표는 長·短音 漢字임

8급 배정한자

教	가르칠	교ː	攴 – 총11획
校	학교學校	교ː	木 – 총10획
九	아홉	구	乙 – 총 2획
國	나라	국	囗 – 총11획
軍	군사軍士/軍事	군	車 – 총 9획
金	쇠	금	
	성姓	김	金 – 총 8획
南	남녘	남	十 – 총 9획
女	계집	녀	女 – 총 3획
年	해	년	干 – 총 6획
大	큰	대‣	大 – 총 3획
東	동녘	동	木 – 총 8획
六	여섯	륙	八 – 총 4획
萬	일만	만ː	艸 – 총13획
母	어미	모ː	毋 – 총 5획
木	나무	목‣	木 – 총 4획
門	문	문	門 – 총 8획
民	백성百姓	민	氏 – 총 5획
白	흰	백	白 – 총 5획
父	아비	부	父 – 총 4획
北	북녘	북	
	달아날	배	匕 – 총 5획
四	넉	사ː	囗 – 총 5획
山	메	산	山 – 총 3획
三	석	삼	一 – 총 3획
生	날	생	
	낳을	생	生 – 총 5획
西	서녘	서	襾 – 총 6획
先	먼저	선	儿 – 총 6획
小	작을	소ː	小 – 총 3획
水	물	수	水 – 총 4획
室	집	실	宀 – 총 9획
十	열	십	十 – 총 2획
五	다섯	오ː	二 – 총 4획
王	임금	왕	玉 – 총 4획
外	바깥	외ː	夕 – 총 5획
月	달	월	月 – 총 4획
二	두	이ː	二 – 총 2획
人	사람	인	人 – 총 2획
日	날	일	日 – 총 4획
一	한	일	一 – 총 1획
長	긴	장‣	長 – 총 8획
弟	아우	제ː	弓 – 총 7획
中	가운데	중	丨 – 총 4획
靑	푸를	청	靑 – 총 8획
寸	마디	촌ː	寸 – 총 3획
七	일곱	칠	一 – 총 2획
土	흙	토	土 – 총 3획
八	여덟	팔	八 – 총 2획
學	배울	학	子 – 총16획
韓	나라	한‣	
	한국韓國	한‣	韋 – 총17획
兄	형	형	儿 – 총 5획
火	불	화‣	火 – 총 4획

※ 8급은 모두 50자입니다. 8급 시험에서 한자쓰기 문제는 출제되지 않습니다. 하지만, 8급 한자는 모든 급수의 기초가 되므로 많이 읽고 그 쓰임에 대하여 알아보는 것이 중요합니다.

7급II 배정한자

家	집	가	宀-총10획
間	사이	간‣	門-총12획
江	강	강	水-총 6획
車	수레	거	
	수레	차	車-총 7획
空	빌[虛空]	공	穴-총 8획
工	장인匠人	공	工-총 3획
記	기록할	기	言-총10획
氣	기운氣運	기	气-총10획
男	사내	남	田-총 7획
內	안	내:	入-총 4획
農	농사農事	농	辰-총13획
答	대답對答	답	竹-총12획
道	길	도:	
	말할	도:	辶-총13획
動	움직일	동:	力-총11획
力	힘	력	力-총 2획
立	설	립	立-총 5획
每	매양每樣	매‣	毋-총 7획
名	이름	명	口-총 6획
物	물건物件	물	牛-총 8획
方	모[四角]	방	方-총 4획
不	아닐	불	一-총 4획
事	일	사:	亅-총 8획
上	윗	상:	一-총 3획
姓	성姓	성:	女-총 8획
世	인간人間	세:	一-총 5획
手	손	수‣	手-총 4획
時	때	시	日-총10획
市	저자	시:	巾-총 5획
食	먹을	식	
	밥	사/식	食-총 9획
安	편안便安	안	宀-총 6획
午	낮	오:	十-총 4획
右	오를	우:	
	오른(쪽)	우:	口-총 5획
自	스스로	자	自-총 6획
子	아들	자	子-총 3획
場	마당	장	土-총12획
電	번개	전:	雨-총13획
前	앞	전	刀-총 9획
全	온전	전	入-총 6획
正	바를	정‣	止-총 5획
足	발	족	足-총 7획
左	왼	좌:	工-총 5획
直	곧을	직	目-총 8획
平	평평할	평	干-총 5획
下	아래	하:	一-총 3획
漢	한수漢水	한:	
	한나라	한:	水-총14획
海	바다	해:	水-총10획
話	말씀	화	言-총13획
活	살[生活]	활	水-총 9획
孝	효도孝道	효:	子-총 7획
後	뒤	후:	彳-총 9획

※ 7급II는 8급[50자]에 새로운 한자 50자를 더하여 모두 100자입니다. 7급II에서 한자쓰기 문제는 출제되지 않습니다. 하지만, 7급II에서 사용되는 한자는 앞으로 공부할 모든 급수에서 중요한 한자이므로 모두 쓸 수 있도록 학습하는 것이 좋습니다.

7급 배정한자

歌	노래	가	欠-총14획
口	입	구‣	口-총 3획
旗	기	기	方-총14획
冬	겨울	동‣	冫-총 5획
洞	골	동:	
	밝을	통:	水-총 9획
同	한가지	동	口-총 6획
登	오를[登壇]	등	癶-총12획

來	올	래▸	人－총 8획
老	늙을	로:	老－총 6획
里	마을	리:	里－총 7획
林	수풀	림	木－총 8획
面	낯	면:	面－총 9획
命	목숨	명:	口－총 8획
文	글월	문	文－총 4획
問	물을	문:	口－총11획
百	일백	백	白－총 6획
夫	지아비	부	大－총 4획
算	셈	산:	竹－총14획
色	빛	색	色－총 6획
夕	저녁	석	夕－총 3획
所	바	소:	戶－총 8획
少	적을[젊을]	소:	小－총 4획
數	셈	수▸	
	자주	삭	攴－총15획
植	심을	식	木－총12획
心	마음	심	心－총 4획
語	말씀	어:	言－총14획
然	그럴	연	火－총12획
有	있을	유:	月－총 6획
育	기를	육	肉－총 8획

邑	고을	읍	邑－총 7획
入	들	입	入－총 2획
字	글자	자	子－총 6획
祖	할아비	조	示－총10획
住	살	주:	人－총 7획
主	임금	주	
	주인主人	주	丶－총 5획
重	무거울	중:	里－총 9획
地	땅[따]	지	土－총 6획
紙	종이	지	糸－총10획
川	내	천	巛－총 3획
千	일천	천	十－총 3획
天	하늘	천	大－총 4획
草	풀	초	艸－총10획
村	마을	촌:	木－총 7획
秋	가을	추	禾－총 9획
春	봄	춘	日－총 9획
出	날	출	凵－총 5획
便	편할	편▸	※'편'만 장단음
	똥오줌	변	人－총 9획
夏	여름	하:	夊－총10획
花	꽃	화	艸－총 8획
休	쉴	휴	人－총 6획

※ 7급은 7급Ⅱ[100자]에 새로운 한자 50자를 더하여 모두 150자입니다.
7급에서 한자쓰기 문제는 출제되지 않습니다. 하지만 7급에서 사용되는 한자는 앞으로 공부할 모든 급수에서 중요한 한자이므로 모두 쓸 수 있도록 학습하는 것이 좋습니다.

6급Ⅱ 배정한자

各	각각	각	口－총 6획
角	뿔	각	角－총 7획
計	셀	계:	言－총 9획
界	지경地境	계:	田－총 9획
高	높을	고	高－총10획
功	공[功勳]	공	力－총 5획
公	공평할	공	八－총 4획
共	한가지	공:	八－총 6획
科	과목科目	과	禾－총 9획
果	실과實果	과:	木－총 8획
光	빛	광	儿－총 6획
球	공	구	玉－총11획
今	이제	금	人－총 4획
急	급할	급	心－총 9획
短	짧을	단▸	矢－총12획
堂	집	당	土－총11획

代	대신할	대:	人 – 총 5획
對	대할	대:	寸 – 총14획
圖	그림	도	口 – 총14획
讀	읽을	독	
	구절句節	두	言 – 총22획
童	아이	동▸	立 – 총12획
等	무리	등:	竹 – 총12획
樂	즐길	락	
	노래	악	
	좋아할	요	木 – 총15획
理	다스릴	리:	玉 – 총11획
利	이할	리:	刀 – 총 7획
明	밝을	명	日 – 총 8획
聞	들을	문▸	耳 – 총14획
班	나눌	반	玉 – 총10획
反	돌이킬	반:	又 – 총 4획
半	반	반:	十 – 총 5획
發	필	발	癶 – 총12획
放	놓을	방▸	攴 – 총 8획
部	떼[部類]	부	邑 – 총11획
分	나눌	분▸	刀 – 총 4획
社	모일	사	示 – 총 8획

書	글	서	曰 – 총10획
線	줄[針線]	선	糸 – 총15획
雪	눈	설	雨 – 총11획
省	살필	성	
	덜	생	目 – 총 9획
成	이룰	성	戈 – 총 7획
消	사라질	소	水 – 총10획
術	재주	술	行 – 총11획
始	비로소	시:	女 – 총 8획
神	귀신鬼神	신	示 – 총10획
身	몸	신	身 – 총 7획
信	믿을	신:	人 – 총 9획
新	새	신	斤 – 총13획
藥	약	약	艸 – 총19획
弱	약할	약	弓 – 총10획
業	업	업	木 – 총13획
勇	날랠	용:	力 – 총 9획
用	쓸	용:	用 – 총 5획
運	옮길	운:	辶 – 총13획
音	소리	음	音 – 총 9획
飮	마실	음▸	食 – 총13획
意	뜻	의:	心 – 총13획

昨	어제	작	日 – 총 9획
作	지을	작	人 – 총 7획
才	재주	재	手 – 총 3획
戰	싸움	전:	戈 – 총16획
庭	뜰	정	广 – 총10획
題	제목題目	제	頁 – 총18획
第	차례	제:	竹 – 총11획
注	부을	주:	水 – 총 8획
集	모을	집	隹 – 총12획
窓	창	창	穴 – 총11획
清	맑을	청	水 – 총11획
體	몸	체	骨 – 총23획
表	겉	표	衣 – 총 8획
風	바람	풍	風 – 총 9획
幸	다행多幸	행:	干 – 총 8획
現	나타날[現象]	현:	玉 – 총11획
形	모양	형	彡 – 총 7획
和	화할	화	口 – 총 8획
會	모일	회:	曰 – 총13획

※ 6급Ⅱ는 7급[150자]에 새로운 한자 75자를 더한 225자입니다.
단, 6급Ⅱ에서의 한자쓰기 문제는 8급[50자]에서 출제됩니다.

6급 배정한자

感	느낄	감:	心 – 총13획
強	강할[強=强]	강▸	弓 – 총11획
開	열	개	門 – 총12획
京	서울	경	亠 – 총 8획
苦	쓸[味覺]	고	艸 – 총 9획
古	예	고:	口 – 총 5획
交	사귈	교	亠 – 총 6획
區	구분할	구	
	지경地境	구	匸 – 총11획
郡	고을	군:	邑 – 총10획
近	가까울	근:	辶 – 총 8획
根	뿌리	근	木 – 총10획
級	등급等級	급	糸 – 총10획
多	많을	다	夕 – 총 6획
待	기다릴	대:	彳 – 총 9획
度	법도法度	도▸	
	헤아릴	탁	广 – 총 9획
頭	머리	두	頁 – 총16획
例	법식法式	례:	人 – 총 8획
禮	예도禮度	례:	示 – 총18획
路	길	로:	足 – 총13획
綠	푸를	록	糸 – 총14획
李	오얏	리:	
	성姓	리:	木 – 총 7획
目	눈	목	目 – 총 5획
米	쌀	미	米 – 총 6획
美	아름다울	미▸	羊 – 총 9획
朴	성姓	박	木 – 총 6획
番	차례	번	田 – 총12획
別	다를	별	
	나눌	별	刀 – 총 7획
病	병	병:	疒 – 총10획
服	옷	복	月 – 총 8획
本	근본根本	본	木 – 총 5획
死	죽을	사:	歹 – 총 6획
使	하여금	사:	
	부릴	사:	人 – 총 8획
石	돌	석	石 – 총 5획
席	자리	석	巾 – 총10획
速	빠를	속	辶 – 총11획
孫	손자孫子	손▸	子 – 총10획
樹	나무	수	木 – 총16획
習	익힐	습	羽 – 총11획
勝	이길	승	力 – 총12획
式	법法	식	弋 – 총 6획
失	잃을	실	大 – 총 5획
愛	사랑	애▸	心 – 총13획
野	들[坪]	야:	里 – 총11획
夜	밤	야:	夕 – 총 8획
陽	볕	양	阜 – 총12획
洋	큰바다	양	水 – 총 9획
言	말씀	언	言 – 총 7획
永	길	영:	水 – 총 5획
英	꽃부리	영	艸 – 총 9획
溫	따뜻할	온	水 – 총13획
園	동산	원	囗 – 총13획
遠	멀	원:	辶 – 총14획
油	기름	유	水 – 총 8획
由	말미암을	유	田 – 총 5획
銀	은	은	金 – 총14획
衣	옷	의	衣 – 총 6획
醫	의원醫院/醫員	의	酉 – 총18획
者	놈	자	老 – 총 9획
章	글	장	立 – 총11획
在	있을	재:	土 – 총 6획
定	정할	정:	宀 – 총 8획
朝	아침	조	月 – 총12획

族 겨레 족 方 – 총11획
晝 낮 주 日 – 총11획
親 친할 친 見 – 총16획
太 클 태 大 – 총 4획
通 통할 통 辶 – 총11획
特 특별할 특 牛 – 총10획
合 합할 합
홉 홉 口 – 총 6획
行 다닐 행 › ※'행'만 장단음
항렬行列 항 行 – 총 6획
向 향할 향 : 口 – 총 6획
號 이름 호 › 虍 – 총13획
畫 그림 화 : ※'화'만 장음
그을[劃] 획 田 – 총13획
黃 누를 황 黃 – 총12획
訓 가르칠 훈 : 言 – 총10획

※ 6급은 6급Ⅱ[225자]에 새로운 한자 75자를 더하여 모두 300자입니다.

5급Ⅱ 배정한자

價 값 가 人 – 총15획
客 손[賓客] 객 宀 – 총 9획
格 격식格式 격 木 – 총10획
見 볼 견 :
뵈올 현 : 見 – 총 7획
決 결단할 결 水 – 총 7획
結 맺을 결 糸 – 총12획
敬 공경恭敬 경 : 攴 – 총13획
告 고할 고 : 口 – 총 7획
課 공부할 과 ›
과정課程 과 › 言 – 총15획
過 지날 과 : 辶 – 총13획
關 관계할 관 門 – 총19획
觀 볼 관 見 – 총25획
廣 넓을 광 : 广 – 총15획
具 갖출 구 › 八 – 총 8획
舊 예 구 : 臼 – 총18획
局 판[形局] 국 尸 – 총 7획
己 몸 기 己 – 총 3획
基 터 기 土 – 총11획
念 생각 념 : 心 – 총 8획
能 능할 능 肉 – 총10획
團 둥글 단 口 – 총14획
當 마땅 당 田 – 총13획
德 큰 덕 彳 – 총15획
到 이를 도 : 刀 – 총 8획
獨 홀로 독 犬 – 총16획
朗 밝을 랑 : 月 – 총11획
良 어질 량 艮 – 총 7획
旅 나그네 려 方 – 총10획
歷 지날 력 止 – 총16획
練 익힐 련 : 糸 – 총15획
勞 일할 로 力 – 총12획
類 무리 류 › 頁 – 총19획
流 흐를 류 水 – 총10획
陸 뭍 륙 阜 – 총11획
望 바랄 망 : 月 – 총11획
法 법 법 水 – 총 8획
變 변할 변 言 – 총23획
兵 병사兵士 병 : 八 – 총 7획
福 복 복 示 – 총14획
奉 받들 봉 : 大 – 총 8획
史 사기史記 사 : 口 – 총 5획
士 선비 사 : 士 – 총 3획
仕 섬길 사 › 人 – 총 5획
産 낳을 산 : 生 – 총11획
相 서로 상 目 – 총 9획
商 장사 상 口 – 총11획

鮮	고울	선	魚－총17획
仙	신선神仙	선	人－총 5획
說	말씀	설	
	달랠	세:	
	기쁠	열	言－총14획
性	성품性品	성:	心－총 8획
洗	씻을	세:	水－총 9획
歲	해	세:	止－총13획
束	묶을	속	木－총 7획
首	머리	수	首－총 9획
宿	잘	숙	
	별자리	수:	宀－총11획
順	순할	순:	頁－총12획
識	알	식	
	기록할	지	言－총19획
臣	신하臣下	신	臣－총 6획
實	열매	실	宀－총14획
兒	아이	아	儿－총 8획
惡	악할	악	
	미워할	오	心－총12획
約	맺을	약	糸－총 9획
養	기를	양:	食－총15획
要	요긴할	요'	襾－총 9획
友	벗	우:	又－총 4획
雨	비	우:	雨－총 8획
雲	구름	운	雨－총12획
元	으뜸	원	儿－총 4획
偉	클	위	人－총11획
以	써	이:	人－총 5획
任	맡길	임'	人－총 6획
材	재목材木	재	木－총 7획
財	재물財物	재	貝－총10획
的	과녁	적	白－총 8획
典	법法	전:	八－총 8획
傳	전할	전	人－총13획
展	펼	전:	尸－총10획
切	끊을	절	
	온통	체	刀－총 4획
節	마디	절	竹－총15획
店	가게	점:	广－총 8획
情	뜻	정	心－총11획
調	고를	조	言－총15획
卒	마칠	졸	十－총 8획
種	씨	종'	禾－총14획
週	주일週日	주	辶－총12획
州	고을	주	巛－총 6획
知	알	지	矢－총 8획
質	바탕	질	貝－총15획
着	붙을	착	目－총12획
參	참여할	참	
	갖은석	삼	厶－총11획
責	꾸짖을	책	貝－총11획
充	채울	충	儿－총 6획
宅	집	택	
	집	댁	宀－총 6획
品	물건物件	품:	口－총 9획
必	반드시	필	心－총 5획
筆	붓	필	竹－총12획
害	해할	해:	宀－총10획
化	될	화	匕－총 4획
效	본받을	효:	攴－총10획
凶	흉할	흉	凵－총 4획

※ 5급Ⅱ는 6급[300자]에 새로운 한자 100자를 더한 400자입니다.
단, 5급Ⅱ에서의 한자쓰기 문제는 6급Ⅱ[225자]에서 출제됩니다.

5급 배정한자

加	더할	가	力 – 총 5획
可	옳을	가:	口 – 총 5획
改	고칠	개▸	攴 – 총 7획
去	갈	거:	厶 – 총 5획
擧	들	거:	手 – 총18획
健	굳셀	건:	人 – 총11획
件	물건物件	건	人 – 총 6획
建	세울	건:	廴 – 총 9획
輕	가벼울	경	車 – 총14획
競	다툴	경:	立 – 총20획
景	볕	경▸	日 – 총12획
固	굳을	고▸	囗 – 총 8획
考	생각할	고▸	老 – 총 6획
曲	굽을	곡	曰 – 총 6획
橋	다리	교	木 – 총16획
救	구원할	구:	攴 – 총11획
貴	귀할	귀:	貝 – 총12획
規	법法	규	見 – 총11획
給	줄	급	糸 – 총12획
汽	물끓는김	기	水 – 총 7획
期	기약할	기	月 – 총12획
技	재주	기	手 – 총 7획
吉	길할	길	口 – 총 6획
壇	단	단	土 – 총16획
談	말씀	담	言 – 총15획
都	도읍都邑	도	邑 – 총12획
島	섬	도	山 – 총10획
落	떨어질	락	艸 – 총13획
冷	찰	랭:	冫 – 총 7획
量	헤아릴	량	里 – 총12획
領	거느릴	령	頁 – 총14획
令	하여금	령▸	人 – 총 5획
料	헤아릴	료▸	斗 – 총10획
馬	말	마:	馬 – 총10획
末	끝	말	木 – 총 5획
亡	망할	망	亠 – 총 3획
買	살	매:	貝 – 총12획
賣	팔[賣却]	매▸	貝 – 총15획
無	없을	무	火 – 총12획
倍	곱	배▸	人 – 총10획
比	견줄	비:	比 – 총 4획
費	쓸	비:	貝 – 총12획
鼻	코	비:	鼻 – 총14획
氷	얼음	빙	水 – 총 5획
寫	베낄	사	宀 – 총15획
思	생각	사▸	心 – 총 9획
査	조사할	사	木 – 총 9획
賞	상줄	상	貝 – 총15획
序	차례	서:	广 – 총 7획
選	가릴	선:	辶 – 총16획
船	배[船舶]	선	舟 – 총11획
善	착할	선:	口 – 총12획
示	보일	시:	示 – 총 5획
案	책상冊床	안:	木 – 총10획
魚	고기	어	
	물고기	어	魚 – 총11획
漁	고기잡을	어	水 – 총14획
億	억[數字]	억	人 – 총15획
熱	더울	열	火 – 총15획
葉	잎	엽	
	고을이름	섭	艸 – 총13획
屋	집	옥	尸 – 총 9획
完	완전할	완	宀 – 총 7획
曜	빛날	요:	日 – 총18획
浴	목욕할	욕	水 – 총10획
牛	소	우	牛 – 총 4획
雄	수컷	웅	隹 – 총12획

原	언덕	원:	厂 – 총10획
願	원할	원	頁 – 총19획
院	집	원	阜 – 총10획
位	자리	위	人 – 총 7획
耳	귀	이:	耳 – 총 6획
因	인할	인	口 – 총 6획
再	두	재:	冂 – 총 6획
災	재앙災殃	재	火 – 총 7획
爭	다툴	쟁	爪 – 총 8획
貯	쌓을	저:	貝 – 총12획
赤	붉을	적	赤 – 총 7획
停	머무를	정	人 – 총11획
操	잡을	조·	手 – 총16획
終	마칠	종	糸 – 총11획
罪	허물	죄:	罒 – 총13획
止	그칠	지	止 – 총 4획
唱	부를	창:	口 – 총11획
鐵	쇠	철	金 – 총21획
初	처음	초	刀 – 총 7획
最	가장	최:	日 – 총12획
祝	빌[祝福]	축	示 – 총10획
致	이를	치:	至 – 총10획
則	법칙法則	칙	
	곧	즉	刀 – 총 9획
他	다를	타	人 – 총 5획
打	칠[打擊]	타:	手 – 총 5획
卓	높을	탁	十 – 총 8획
炭	숯	탄:	火 – 총 9획
板	널	판	木 – 총 8획
敗	패할	패:	攴 – 총11획
河	물	하	水 – 총 8획
寒	찰	한	宀 – 총12획
許	허락할	허	言 – 총11획
湖	호수湖水	호	水 – 총12획
患	근심	환:	心 – 총11획
黑	검을	흑	黑 – 총12획

※ 5급은 5급II[400자]에 새로운 한자 100자를 더한 500자입니다.
단, 5급에서 한자쓰기 문제는 6급[300자]에서 출제됩니다.

4급II 배정한자

街	거리	가·	行 – 총12획
假	거짓	가:	人 – 총11획
減	덜	감:	水 – 총12획
監	볼	감	皿 – 총14획
講	욀	강:	言 – 총17획
康	편안	강	广 – 총11획
個	낱	개·	人 – 총10획
檢	검사할	검:	木 – 총17획
潔	깨끗할	결	水 – 총15획
缺	이지러질	결	缶 – 총10획
慶	경사	경:	心 – 총15획
警	깨우칠	경:	言 – 총20획
境	지경	경	土 – 총14획
經	지날	경	
	글	경	糸 – 총13획
係	맬	계:	人 – 총 9획
故	연고	고·	攴 – 총 9획
官	벼슬	관	宀 – 총 8획
求	구할[求索]	구	水 – 총 7획
句	글귀	구	口 – 총 5획
究	연구할	구	穴 – 총 7획
宮	집	궁	宀 – 총10획
權	권세	권	木 – 총22획
極	극진할	극	
	다할	극	木 – 총13획
禁	금할	금:	示 – 총13획

器	그릇	기	口 – 총16획
起	일어날	기	走 – 총10획
暖	따뜻할	난:	日 – 총13획
難	어려울	난ˑ	隹 – 총19획
怒	성낼	노:	心 – 총 9획
努	힘쓸	노	力 – 총 7획
斷	끊을	단:	斤 – 총18획
端	끝	단	立 – 총14획
檀	박달나무	단	木 – 총17획
單	홑	단	
	오랑캐임금	선	口 – 총12획
達	통달할	달	辶 – 총13획
擔	멜	담	手 – 총16획
黨	무리	당	黑 – 총20획
帶	띠	대ˑ	巾 – 총11획
隊	무리	대	阜 – 총12획
導	인도할	도:	寸 – 총16획
督	감독할	독	目 – 총13획
毒	독[毒藥]	독	毋 – 총 8획
銅	구리	동	金 – 총14획
斗	말	두	斗 – 총 4획
豆	콩	두	豆 – 총 7획
得	얻을	득	彳 – 총11획
燈	등	등	火 – 총16획
羅	벌릴	라	罒 – 총19획
兩	두	량:	入 – 총 8획
麗	고울	려	鹿 – 총19획
連	이을	련	辶 – 총11획
列	벌릴/벌일	렬	刀 – 총 6획
錄	기록할	록	金 – 총16획
論	논할	론	言 – 총15획
留	머무를	류	田 – 총10획
律	법칙	률	彳 – 총 9획
滿	찰	만ˑ	水 – 총14획
脈	줄기	맥	肉 – 총10획
毛	터럭	모	毛 – 총 4획
牧	칠[牧養]	목	牛 – 총 8획
武	호반	무:	止 – 총 8획
務	힘쓸	무:	力 – 총11획
味	맛	미:	口 – 총 8획
未	아닐	미ˑ	木 – 총 5획
密	빽빽할	밀	宀 – 총11획
博	넓을	박	十 – 총12획
防	막을	방	阜 – 총 7획
房	방	방	戶 – 총 8획
訪	찾을	방:	言 – 총11획
配	나눌	배:	
	짝	배	酉 – 총10획
背	등	배:	肉 – 총 9획
拜	절	배:	手 – 총 9획
罰	벌할	벌	罒 – 총14획
伐	칠[討]	벌	人 – 총 6획
壁	벽	벽	土 – 총16획
邊	가[側]	변	辶 – 총19획
報	갚을	보:	
	알릴	보	土 – 총12획
步	걸음	보:	止 – 총 7획
寶	보배	보:	宀 – 총20획
保	지킬	보ˑ	人 – 총 9획
復	회복할	복	※'부'만 장음
	다시	부:	彳 – 총12획
府	마을[官廳]	부ˑ	广 – 총 8획
婦	며느리	부	女 – 총11획
副	버금	부:	刀 – 총11획
富	부자	부:	宀 – 총12획
佛	부처	불	人 – 총 7획

한자	훈	음	부수·획수
非	아닐	비▸	非－총 8획
備	갖출	비:	人－총12획
飛	날	비	飛－총 9획
悲	슬플	비:	心－총12획
貧	가난할	빈	貝－총11획
謝	사례할	사:	言－총17획
師	스승	사	巾－총10획
寺	절	사	※'시'만 장음
	내관內官	시:	寸－총 6획
舍	집	사	舌－총 8획
殺	죽일	살	
	감할	쇄:	※'쇄'만 장음
	빠를	쇄:	殳－총11획
常	떳떳할	상	巾－총11획
床	상[床=牀]	상	广－총 7획
想	생각	상:	心－총13획
狀	형상	상	※'장'만 장음
	문서	장:	犬－총 8획
設	베풀	설	言－총11획
星	별	성	日－총 9획
聖	성인	성:	耳－총13획
盛	성할	성:	皿－총12획
聲	소리	성	耳－총17획
城	재[內城]	성	土－총10획
誠	정성	성	言－총14획
細	가늘	세:	糸－총11획
稅	세금	세:	禾－총12획
勢	형세形勢	세:	力－총13획
素	본디	소▸	
	힐[白]	소	糸－총10획
掃	쓸[掃除]	소▸	手－총11획
笑	웃음	소:	竹－총10획
續	이을	속	糸－총21획
俗	풍속	속	人－총 9획
送	보낼	송:	辶－총10획
收	거둘	수	攴－총 6획
修	닦을	수	人－총10획
受	받을	수▸	又－총 8획
授	줄	수	手－총11획
守	지킬	수	宀－총 6획
純	순수할	순	糸－총10획
承	이을	승	手－총 8획
詩	시	시	言－총13획
施	베풀	시:	方－총 9획
視	볼	시:	見－총12획
試	시험	시▸	言－총13획
是	이[斯]	시:	
	옳을	시	日－총 9획
息	쉴	식	心－총10획
申	납[猿]	신	田－총 5획
深	깊을	심	水－총11획
眼	눈	안:	目－총11획
暗	어두울	암:	日－총13획
壓	누를	압	土－총17획
液	진	액	水－총11획
羊	양	양	羊－총 6획
如	같을	여	女－총 6획
餘	남을	여	食－총16획
逆	거스를	역	辶－총10획
研	갈[研磨]	연:	石－총11획
煙	연기	연	火－총13획
演	펼	연:	水－총14획
榮	영화	영	木－총14획
藝	재주	예:	艸－총19획
誤	그르칠	오:	言－총14획
玉	구슬	옥	玉－총 5획

往	갈	왕:	彳 – 총 8획
謠	노래	요	言 – 총17획
容	얼굴	용	宀 – 총10획
圓	둥글	원	囗 – 총13획
員	인원	원	口 – 총10획
衛	지킬	위	行 – 총16획
爲	하	위▸	
	할	위	爪 – 총12획
肉	고기	육	肉 – 총 6획
恩	은혜	은	心 – 총10획
陰	그늘	음	阜 – 총11획
應	응할	응:	心 – 총17획
義	옳을	의:	羊 – 총13획
議	의논할	의▸	言 – 총20획
移	옮길	이	禾 – 총11획
益	더할	익	皿 – 총10획
引	끌	인	弓 – 총 4획
印	도장	인	卩 – 총 6획
認	알[知]	인	言 – 총14획
障	막을	장	阜 – 총14획
將	장수	장▸	寸 – 총11획
低	낮을	저:	人 – 총 7획
敵	대적할	적	攴 – 총15획
田	밭	전	田 – 총 5획
絶	끊을	절	糸 – 총12획
接	이을	접	手 – 총11획
政	정사	정	攴 – 총 9획
精	정할	정	
	자세할	정	米 – 총14획
程	한도	정	
	길[道]	정	禾 – 총12획
濟	건널	제:	水 – 총17획
提	끌[提携]	제	手 – 총12획
除	덜	제	阜 – 총10획
制	절제할	제:	刀 – 총 8획
祭	제사	제:	示 – 총11획
際	즈음	제:	
	가[邊]	제	阜 – 총14획
製	지을	제:	衣 – 총14획
助	도울	조:	力 – 총 7획
鳥	새	조	鳥 – 총11획
早	이를	조:	日 – 총 6획
造	지을	조:	辶 – 총11획
尊	높을	존	寸 – 총12획
宗	마루	종	宀 – 총 8획
走	달릴	주	走 – 총 7획
竹	대	죽	竹 – 총 6획
準	준할	준:	水 – 총13획
衆	무리	중:	血 – 총12획
增	더할	증	土 – 총15획
指	가리킬	지	手 – 총 9획
志	뜻	지	心 – 총 7획
至	이를	지	至 – 총 6획
支	지탱할	지	支 – 총 4획
職	직분	직	耳 – 총18획
進	나아갈	진:	辶 – 총12획
眞	참	진	目 – 총10획
次	버금	차	欠 – 총 6획
察	살필	찰	宀 – 총14획
創	비롯할	창:	刀 – 총12획
處	곳	처:	虍 – 총11획
請	청할	청	言 – 총15획
總	다[皆]	총:	糸 – 총17획
銃	총	총	金 – 총14획
蓄	모을	축	艸 – 총14획
築	쌓을	축	竹 – 총16획

蟲	벌레	충	虫 – 총18획
忠	충성	충	心 – 총 8획
取	가질	취:	又 – 총 8획
測	헤아릴	측	水 – 총12획
治	다스릴	치	水 – 총 8획
置	둘[措置]	치:	网 – 총13획
齒	이	치	齒 – 총15획
侵	침노할	침	人 – 총 9획
快	쾌할	쾌	心 – 총 7획
態	모습	태:	心 – 총14획
統	거느릴	통:	糸 – 총12획
退	물러날	퇴:	辶 – 총10획
破	깨뜨릴	파:	石 – 총10획
波	물결	파	水 – 총 8획
布	베[펼]	포›	※'보'는 장음
	보시	보:	巾 – 총 5획
包	쌀[裹]	포›	勹 – 총 5획
砲	대포	포:	石 – 총10획
暴	사나울	폭	※'포'만 장음
	모질	포:	日 – 총15획
票	표	표	示 – 총11획
豐	풍년[豊=豐]	풍	豆 – 총13획

限	한할	한:	阜 – 총 9획
航	배	항:	舟 – 총10획
港	항구	항:	水 – 총12획
解	풀	해:	角 – 총13획
鄕	시골	향	邑 – 총13획
香	향기	향	香 – 총 9획
虛	빌	허	虍 – 총12획
驗	시험	험:	馬 – 총23획
賢	어질	현	貝 – 총15획
血	피	혈	血 – 총 6획
協	화할	협	十 – 총 8획
惠	은혜	혜:	心 – 총12획
護	도울	호:	言 – 총21획
呼	부를	호	口 – 총 8획
好	좋을	호:	女 – 총 6획
戶	집	호:	戶 – 총 4획
貨	재물	화:	貝 – 총11획
確	굳을	확	石 – 총15획
回	돌아올	회	囗 – 총 6획
吸	마실	흡	口 – 총 7획
興	일[興盛]	흥›	臼 – 총16획
希	바랄	희	巾 – 총 7획

※ 4급Ⅱ는 5급[500자]에 새로운 한자 250자를 더하여 모두 750자입니다.
단, 4급Ⅱ에서 한자쓰기 문제는 5급Ⅱ[400자]에서 출제됩니다.

4급 배정한자

暇	틈	가:	
	겨를	가	日 – 총13획
覺	깨달을	각	見 – 총20획
刻	새길	각	刀 – 총 8획
簡	간략할	간›	
	대쪽	간	竹 – 총18획
干	방패	간	干 – 총 3획
看	볼	간	目 – 총 9획
敢	감히	감:	
	구태여	감	攴 – 총12획
甘	달	감	甘 – 총 5획
甲	갑옷	갑	田 – 총 5획
降	내릴	강:	※'강'만 장음
	항복할	항	阜 – 총 9획
更	다시	갱:	※'갱'만 장음
	고칠	경	曰 – 총 7획
據	근거	거:	手 – 총16획

拒	막을	거:	手 – 총 8획
居	살	거	尸 – 총 8획
巨	클	거:	工 – 총 5획
傑	뛰어날	걸	人 – 총12획
儉	검소할	검:	人 – 총15획
激	격할	격	水 – 총16획
擊	칠[打擊]	격	手 – 총17획
犬	개	견	犬 – 총 4획
堅	굳을	견	土 – 총11획
鏡	거울	경:	金 – 총19획
傾	기울	경	人 – 총13획
驚	놀랄	경	馬 – 총23획
戒	경계할	계:	戈 – 총 7획
季	계절	계:	子 – 총 8획
鷄	닭	계	鳥 – 총21획
階	섬돌	계	阜 – 총12획
系	이어맬	계:	糸 – 총 7획
繼	이을	계:	糸 – 총20획
庫	곳집	고	广 – 총10획
孤	외로울	고	子 – 총 8획
穀	곡식	곡	禾 – 총15획
困	곤할	곤:	口 – 총 7획
骨	뼈	골	骨 – 총10획
孔	구멍	공:	子 – 총 4획
攻	칠[攻擊]	공:	攴 – 총 7획
管	대롱	관	
	주관할	관	竹 – 총14획
鑛	쇳돌	광:	金 – 총23획
構	얽을	구	木 – 총14획
群	무리	군	羊 – 총13획
君	임금	군	口 – 총 7획
屈	굽힐	굴	尸 – 총 8획
窮	다할	궁	
	궁할	궁	穴 – 총15획
勸	권할	권:	力 – 총20획
券	문서	권	刀 – 총 8획
卷	책	권·	卩 – 총 8획
歸	돌아갈	귀:	止 – 총18획
均	고를	균	土 – 총 7획
劇	심할	극	刀 – 총15획
勤	부지런할	근·	力 – 총13획
筋	힘줄	근	竹 – 총12획
奇	기특할	기	大 – 총 8획
紀	벼리	기	糸 – 총 9획
寄	부칠[寄書]	기	宀 – 총11획
機	틀	기	木 – 총16획
納	들일	납	糸 – 총10획
段	층계	단	殳 – 총 9획
盜	도둑	도·	皿 – 총12획
逃	도망할	도	辶 – 총10획
徒	무리	도	彳 – 총10획
卵	알	란:	卩 – 총 7획
亂	어지러울	란:	乙 – 총13획
覽	볼	람	見 – 총21획
略	간략할	략	
	약할	략	田 – 총11획
糧	양식	량	米 – 총18획
慮	생각할	려:	心 – 총15획
烈	매울	렬	火 – 총10획
龍	용	룡	龍 – 총16획
柳	버들	류·	木 – 총 9획
輪	바퀴	륜	車 – 총15획
離	떠날	리:	隹 – 총19획
妹	누이	매	女 – 총 8획
勉	힘쓸	면:	力 – 총 9획
鳴	울	명	鳥 – 총14획

한자	훈	음	부수 - 총획
模	본뜰	모	木 – 총15획
妙	묘할	묘:	女 – 총 7획
墓	무덤	묘:	土 – 총14획
舞	춤출	무:	舛 – 총14획
拍	칠[拍手]	박	手 – 총 8획
髮	터럭	발	髟 – 총15획
妨	방해할	방	女 – 총 7획
犯	범할	범:	犬 – 총 5획
範	법	범:	竹 – 총15획
辯	말씀	변:	辛 – 총21획
普	넓을	보:	日 – 총12획
複	겹칠	복	衣 – 총14획
伏	엎드릴	복	人 – 총 6획
否	아닐	부:	
	막힐	비	口 – 총 7획
負	질[荷]	부:	貝 – 총 9획
粉	가루	분'	米 – 총10획
憤	분할	분:	心 – 총15획
碑	비석	비	石 – 총13획
批	비평할	비:	手 – 총 7획
祕	숨길[祕=秘]	비:	禾 – 총10획
辭	말씀	사	辛 – 총19획
私	사사	사	禾 – 총 7획
絲	실	사	糸 – 총12획
射	쏠	사'	寸 – 총10획
散	흩을	산:	攴 – 총12획
傷	다칠	상	人 – 총13획
象	코끼리	상	豕 – 총12획
宣	베풀	선	宀 – 총 9획
舌	혀	설	舌 – 총 6획
屬	붙일	속	尸 – 총21획
損	덜	손:	手 – 총13획
松	소나무	송	木 – 총 8획
頌	칭송할	송:	
	기릴	송	頁 – 총13획
秀	빼어날	수	禾 – 총 7획
叔	아재비	숙	又 – 총 8획
肅	엄숙할	숙	聿 – 총13획
崇	높을	숭	山 – 총11획
氏	각시	씨	
	성씨姓氏	씨	
	나라이름	지	氏 – 총 4획
額	이마	액	頁 – 총18획
樣	모양	양	木 – 총15획
嚴	엄할	엄	口 – 총20획
與	더불	여:	
	줄	여	臼 – 총14획
易	바꿀	역	※'이'만 장음
	쉬울	이:	日 – 총 8획
域	지경	역	土 – 총11획
鉛	납	연	金 – 총13획
延	늘일	연	廴 – 총 7획
緣	인연	연	糸 – 총15획
燃	탈	연	火 – 총16획
營	경영할	영	火 – 총17획
迎	맞을	영	辶 – 총 8획
映	비칠	영'	日 – 총 9획
豫	미리	예:	豕 – 총16획
優	넉넉할	우	人 – 총17획
遇	만날	우:	辶 – 총13획
郵	우편	우	邑 – 총11획
源	근원	원	水 – 총13획
援	도울	원:	手 – 총12획
怨	원망할	원'	心 – 총 9획
委	맡길	위	女 – 총 8획
圍	에워쌀	위	囗 – 총12획
慰	위로할	위	心 – 총15획
威	위엄	위	女 – 총 9획

危	위태할	위	卩 – 총 6획
遺	남길	유	辶 – 총16획
遊	놀	유	辶 – 총13획
儒	선비	유	人 – 총16획
乳	젖	유	乙 – 총 8획
隱	숨을	은	阜 – 총17획
儀	거동	의	人 – 총15획
疑	의심할	의	疋 – 총14획
依	의지할	의	人 – 총 8획
異	다를	이:	田 – 총12획
仁	어질	인	人 – 총 4획
姿	모양	자:	女 – 총 9획
姉	손윗누이	자	女 – 총 8획
資	재물	자	貝 – 총13획
殘	남을	잔	歹 – 총12획
雜	섞일	잡	隹 – 총18획
張	베풀	장	弓 – 총11획
帳	장막	장	巾 – 총11획
壯	장할	장:	士 – 총 7획
腸	창자	장	肉 – 총13획
裝	꾸밀	장	衣 – 총13획
奬	장려할	장·	大 – 총14획
底	밑	저:	广 – 총 8획
績	길쌈	적	糸 – 총17획

賊	도둑	적	貝 – 총13획
適	맞을	적	辶 – 총15획
籍	문서	적	竹 – 총20획
積	쌓을	적	禾 – 총16획
轉	구를	전:	車 – 총18획
錢	돈	전:	金 – 총16획
專	오로지	전	寸 – 총11획
折	꺾을	절	手 – 총 7획
點	점	점·	黑 – 총17획
占	점령할	점·	
	점칠	점	卜 – 총 5획
整	가지런할	정:	攴 – 총16획
靜	고요할	정	靑 – 총16획
丁	장정	정	
	고무래	정	一 – 총 2획
帝	임금	제:	巾 – 총 9획
條	가지	조	木 – 총11획
潮	조수潮水	조	
	밀물	조	水 – 총15획
組	짤	조	糸 – 총11획
存	있을	존	子 – 총 6획
鍾	쇠북[鍾=鐘]	종	金 – 총17획
從	좇을	종·	彳 – 총11획
座	자리	좌:	广 – 총10획

周	두루	주	口 – 총 8획
朱	붉을	주	木 – 총 6획
酒	술	주·	酉 – 총10획
證	증거	증	言 – 총19획
持	가질	지	手 – 총 9획
誌	기록할	지	言 – 총14획
智	지혜	지	
	슬기	지	日 – 총12획
織	짤	직	糸 – 총18획
盡	다할	진:	皿 – 총14획
珍	보배	진	玉 – 총 9획
陣	진칠	진	阜 – 총10획
差	다를	차	
	어긋날	치	
	부릴	채	工 – 총10획
讚	기릴	찬:	言 – 총26획
採	캘	채:	手 – 총11획
冊	책	책	冂 – 총 5획
泉	샘	천	水 – 총 9획
廳	관청	청	广 – 총25획
聽	들을	청	耳 – 총22획
招	부를	초	手 – 총 8획
推	밀	추	
	밀	퇴	手 – 총11획

縮	줄일	축	糸 - 총17획
就	나아갈	취：	尢 - 총12획
趣	뜻	취：	走 - 총15획
層	층[層樓]	층	尸 - 총15획
針	바늘	침‣	金 - 총10획
寢	잘	침：	宀 - 총14획
稱	일컬을	칭	禾 - 총14획
歎	탄식할	탄：	欠 - 총15획
彈	탄알	탄：	弓 - 총15획
脫	벗을	탈	肉 - 총11획
探	찾을	탐	手 - 총11획
擇	가릴	택	手 - 총16획
討	칠[討伐]	토‣	言 - 총10획
痛	아플	통：	疒 - 총12획
投	던질	투	手 - 총 7획
鬪	싸움	투	鬥 - 총20획
派	갈래	파	水 - 총 9획
判	판단할	판	刀 - 총 7획
篇	책	편	竹 - 총15획
評	평할	평：	言 - 총12획
閉	닫을	폐：	門 - 총11획
胞	세포	포‣	肉 - 총 9획
爆	불터질	폭	火 - 총19획
標	표할	표	木 - 총15획
疲	피곤할	피	疒 - 총10획
避	피할	피：	辶 - 총17획
恨	한[怨恨]	한：	心 - 총 9획
閑	한가할	한	門 - 총12획
抗	겨룰	항：	手 - 총 7획
核	씨	핵	木 - 총10획
憲	법	헌：	心 - 총16획
險	험할	험：	阜 - 총16획
革	가죽	혁	革 - 총 9획
顯	나타날	현：	頁 - 총23획
刑	형벌	형	刀 - 총 6획
或	혹	혹	戈 - 총 8획
混	섞을	혼：	水 - 총11획
婚	혼인할	혼	女 - 총11획
紅	붉을	홍	糸 - 총 9획
華	빛날	화	艸 - 총12획
環	고리	환‣	玉 - 총17획
歡	기쁠	환	欠 - 총22획
況	상황	황：	水 - 총 8획
灰	재	회	火 - 총 6획
候	기후	후：	人 - 총10획
厚	두터울	후：	厂 - 총 9획
揮	휘두를	휘	手 - 총12획
喜	기쁠	희	口 - 총12획

※ 4급 배정한자는 4급Ⅱ[750자]에 새로운 한자 250자를 더하여 1,000자입니다.
단, 4급에서 한자쓰기 문제는 5급[500자]에서 출제됩니다.

✐ 한자는 서체에 따라 글자 모양이 달라져 보이나 모두 정자로 인정됩니다.

[참고 漢字]

示 = 礻	靑 = 青
神(神) 祈(祈) 祝(祝) 祖(祖)	淸(清) 請(請) 晴(晴) 情(情)
糸 = 糹	飠 = 飠
線(線) 經(經) 續(續) 紙(紙)	飮(飲) 飯(飯) 餘(餘) 飽(飽)
辶 = ⻌	八 = ソ
送(送) 運(運) 遂(遂) 遵(遵)	尊(尊) 說(説) 曾(曾) 墜(墜)

시험에 꼭! 출제되는 꾸러미

상대자 · 반대자

두 개의 글자가 서로 상대, 또는 반대되는 뜻을 가진 한자를 말합니다.

더할	가	5급	加 ↔ 減	4Ⅱ	덜	감	가감
더할	가	5급	加 ↔ 除	4Ⅱ	덜	제	가제
옳을	가	5급	可 ↔ 否	4급	아닐	부	가부
대쪽	간	4급	簡 ↔ 細	4Ⅱ	가늘	세	간세
방패	간	4급	干 ↔ 滿	4Ⅱ	찰	만	간만
달	감	4급	甘 ↔ 苦	6급	쓸	고	감고
강	강	7Ⅱ	江 ↔ 山	8급	메	산	강산
내릴	강	4급	降 ↔ 登	7급	오를	등	강등
강할	강	6급	強 ↔ 弱	6Ⅱ	약할	약	강약
열	개	4급	開 ↔ 閉	4급	닫을	폐	개폐
갈	거	5급	去 ↔ 來	7급	올	래	거래
갈	거	5급	去 ↔ 留	4Ⅱ	머무를	류	거류
클	거	4급	巨 ↔ 細	4Ⅱ	가늘	세	거세
가벼울	경	5급	輕 ↔ 重	7급	무거울	중	경중
서울	경	6급	京 ↔ 鄕	4Ⅱ	시골	향	경향
이을	계	4급	繼 ↔ 絶	4Ⅱ	끊을	절	계절
높을	고	6Ⅱ	高 ↔ 低	4Ⅱ	낮을	저	고저
높을	고	6Ⅱ	高 ↔ 下	7Ⅱ	아래	하	고하
쓸	고	6급	苦 ↔ 樂	6급	즐길	락	고락
예	고	6급	古 ↔ 今	6Ⅱ	이제	금	고금
굽을	곡	5급	曲 ↔ 直	7Ⅱ	곧을	직	곡직
공	공	6급	功 ↔ 過	5Ⅱ	지날	과	공과
공	공	6급	功 ↔ 罪	5급	허물	죄	공죄
공평할	공	4급	公 ↔ 私	4급	사사로울	사	공사
빌	공	7Ⅱ	空 ↔ 陸	5Ⅱ	뭍	륙	공륙
칠	공	4급	攻 ↔ 防	4Ⅱ	막을	방	공방
칠	공	4급	攻 ↔ 守	4Ⅱ	지킬	수	공수
벼슬	관	4Ⅱ	官 ↔ 民	8급	백성	민	관민
빛	광	6Ⅱ	光 ↔ 陰	4Ⅱ	그늘	음	광음
가르칠	교	8급	敎 ↔ 習	6급	익힐	습	교습

가르칠	교	8급	教	↔	學	8급	배울	학	교학
임금	군	4급	君	↔	民	8급	백성	민	군민
임금	군	4급	君	↔	臣	5Ⅱ	신하	신	군신
일어날	기	4Ⅱ	起	↔	結	5Ⅱ	맺을	결	기결
일어날	기	4Ⅱ	起	↔	伏	4급	엎드릴	복	기복
길할	길	5급	吉	↔	凶	5Ⅱ	흉할	흉	길흉
어려울	난	4Ⅱ	難	↔	易	4급	쉬울	이	난이
남녘	남	8급	南	↔	北	8급	북녘	북	남북
사내	남	7Ⅱ	男	↔	女	8급	계집	녀	남녀
안	내	7Ⅱ	內	↔	外	8급	바깥	외	내외
찰	랭	5급	冷	↔	暖	4Ⅱ	따뜻할	난	냉난
많을	다	6급	多	↔	少	7급	적을	소	다소
끊을	단	4Ⅱ	斷	↔	續	4Ⅱ	이을	속	단속
홑	단	4Ⅱ	單	↔	複	4급	겹칠	복	단복
마땅	당	5급	當	↔	落	5급	떨어질	락	당락
마땅	당	5급	當	↔	否	4급	아닐	부	당부
큰	대	8급	大	↔	小	7급	작을	소	대소
도읍	도	5급	都	↔	農	7Ⅱ	농사	농	도농
동녘	동	8급	東	↔	西	8급	서녘	서	동서
움직일	동	7Ⅱ	動	↔	靜	4급	고요할	정	동정
움직일	동	7Ⅱ	動	↔	止	5급	그칠	지	동지
한가지	동	7급	同	↔	異	4급	다를	이	동이

얻을	득	4Ⅱ	得	↔	失	6급	잃을	실	득실
오를	등	7급	登	↔	落	5급	떨어질	락	등락
찰	랭	5급	冷	↔	熱	5급	더울	열	냉열
찰	랭	5급	冷	↔	溫	6급	따뜻할	온	냉온
늙을	로	7급	老	↔	童	6Ⅱ	아이	동	노동
늙을	로	7급	老	↔	少	7급	적을	소	노소
일할	로	5Ⅱ	勞	↔	使	6급	하여금	사	노사
뭍	륙	5Ⅱ	陸	↔	海	7Ⅱ	바다	해	육해
이할	리	6Ⅱ	利	↔	害	5Ⅱ	해할	해	이해
팔	매	5급	賣	↔	買	5급	살	매	매매
밝을	명	6급	明	↔	暗	4Ⅱ	어두울	암	명암
어미	모	8급	母	↔	子	7Ⅱ	아들	자	모자
글월	문	7급	文	↔	武	4Ⅱ	호반	무	문무
글월	문	7급	文	↔	言	6급	말씀	언	문언
물을	문	7급	問	↔	答	7Ⅱ	대답	답	문답
물건	물	7Ⅱ	物	↔	心	7급	마음	심	물심
나눌	반	6Ⅱ	班	↔	常	4Ⅱ	떳떳할	상	반상
필	발	6Ⅱ	發	↔	着	5Ⅱ	붙을	착	발착
모	방	7Ⅱ	方	↔	圓	4Ⅱ	둥글	원	방원
근본	본	6급	本	↔	末	5급	끝	말	본말
아비	부	8급	父	↔	母	8급	어미	모	부모
아비	부	8급	父	↔	子	7Ⅱ	아들	자	부자

지아비	부	7급	夫 ↔ 婦	4II	며느리	부	부부
나눌	분	6II	分 ↔ 合	6급	합할	합	분합
슬플	비	4II	悲 ↔ 樂	6II	즐길	락	비락
슬플	비	4II	悲 ↔ 歡	4급	기쁠	환	비환
가난할	빈	4II	貧 ↔ 富	4II	부자	부	빈부
얼음	빙	5급	氷 ↔ 炭	5급	숯	탄	빙탄
선비	사	5II	士 ↔ 民	8급	백성	민	사민
스승	사	4II	師 ↔ 弟	8급	아우	제	사제
죽을	사	6급	死 ↔ 活	7II	살	활	사활
메	산	8급	山 ↔ 河	5급	물	하	산하
메	산	8급	山 ↔ 川	7급	내	천	산천
메	산	8급	山 ↔ 海	7II	바다	해	산해
죽일	살	4II	殺 ↔ 活	7II	살	활	살활
상줄	상	5급	賞 ↔ 罰	4II	벌할	벌	상벌
윗	상	7II	上 ↔ 下	7II	아래	하	상하
날	생	8급	生 ↔ 死	6급	죽을	사	생사
먼저	선	8급	先 ↔ 後	7II	뒤	후	선후
착할	선	5급	善 ↔ 惡	5II	악할	악	선악
이룰	성	6II	成 ↔ 敗	5급	패할	패	성패
가늘	세	4II	細 ↔ 大	8급	큰	대	세대
덜	손	4급	損 ↔ 得	4II	얻을	득	손득
덜	손	4급	損 ↔ 益	4II	더할	익	손익
보낼	송	4II	送 ↔ 受	4II	받을	수	송수
보낼	송	4II	送 ↔ 迎	4급	맞을	영	송영
거둘	수	4II	收 ↔ 給	5급	줄	급	수급
거둘	수	4II	收 ↔ 支	4II	지탱할	지	수지
물	수	8급	水 ↔ 陸	5II	뭍	륙	수륙
물	수	8급	水 ↔ 火	8급	불	화	수화
받을	수	4II	受 ↔ 給	5급	줄	급	수급
받을	수	4II	受 ↔ 與	4급	더불	여	수여
손	수	7II	手 ↔ 足	7II	발	족	수족
줄	수	4II	授 ↔ 受	4II	받을	수	수수
순할	순	5II	順 ↔ 逆	4II	거스를	역	순역
이길	승	6급	勝 ↔ 負	4급	질	부	승부
이길	승	6급	勝 ↔ 敗	5급	패할	패	승패
비로소	시	6II	始 ↔ 末	5급	끝	말	시말
비로소	시	6II	始 ↔ 終	5급	마칠	종	시종
이	시	4II	是 ↔ 非	4급	아닐	비	시비
믿을	신	6II	信 ↔ 疑	4급	의심할	의	신의
새	신	6II	新 ↔ 舊	5II	예	구	신구
새	신	6II	新 ↔ 古	6급	예	고	신고
신하	신	5II	臣 ↔ 民	8급	백성	민	신민
마음	심	7급	心 ↔ 身	6II	몸	신	심신
마음	심	7급	心 ↔ 體	6II	몸	체	심체

편안	안	7Ⅱ	安 ↔ 否	4급	아닐	부	안부
편안	안	7Ⅱ	安 ↔ 危	4급	위태할	위	안위
어질	량	5Ⅱ	良 ↔ 否	4급	아닐	부	양부
사랑	애	6급	愛 ↔ 惡	5Ⅱ	미워할	오	애오
말씀	언	6급	言 ↔ 行	6급	다닐	행	언행
더불	여	4급	與 ↔ 野	6급	들	야	여야
미리	예	4급	豫 ↔ 決	5Ⅱ	결단할	결	예결
구슬	옥	4Ⅱ	玉 ↔ 石	6급	돌	석	옥석
갈	왕	4Ⅱ	往 ↔ 來	7급	올	래	왕래
갈	왕	4Ⅱ	往 ↔ 復	4Ⅱ	회복할	복	왕복
멀	원	6급	遠 ↔ 近	6급	가까울	근	원근
있을	유	7급	有 ↔ 無	5급	없을	무	유무
숨을	은	4급	隱 ↔ 見	5Ⅱ	볼	견	은견
숨을	은	4급	隱 ↔ 顯	4급	나타날	현	은현
숨을	은	4급	隱 ↔ 現	6급	나타날	현	은현
숨을	은	4급	隱 ↔ 見	5Ⅱ	뵈올	현	은현
은혜	은	4Ⅱ	恩 ↔ 怨	4급	원망할	원	은원
그늘	음	4Ⅱ	陰 ↔ 陽	6급	볕	양	음양
소리	음	6Ⅱ	音 ↔ 義	4Ⅱ	옳을	의	음의
소리	음	6Ⅱ	音 ↔ 訓	6급	가르칠	훈	음훈
다를	이	4급	異 ↔ 同	7급	한가지	동	이동
떠날	리	4급	離 ↔ 合	6급	합할	합	이합
다스릴	리	6Ⅱ	理 ↔ 亂	4급	어지러울	란	이란

사람	인	8급	人 ↔ 天	7급	하늘	천	인천
인할	인	5급	因 ↔ 果	6Ⅱ	실과	과	인과
날	일	8급	日 ↔ 月	8급	달	월	일월
들	입	7급	入 ↔ 落	5급	떨어질	락	입락
손윗누이	자	4급	姉 ↔ 妹	4급	누이	매	자매
스스로	자	7Ⅱ	自 ↔ 他	5급	다를	타	자타
아들	자	7Ⅱ	子 ↔ 女	8급	계집	녀	자녀
어제	작	6Ⅱ	昨 ↔ 今	6Ⅱ	이제	금	작금
긴	장	8급	長 ↔ 短	6Ⅱ	짧을	단	장단
장수	장	4Ⅱ	將 ↔ 兵	5Ⅱ	병사	병	장병
장수	장	4Ⅱ	將 ↔ 士	5Ⅱ	선비	사	장사
장수	장	4Ⅱ	將 ↔ 卒	5Ⅱ	마칠	졸	장졸
앞	전	7Ⅱ	前 ↔ 後	7Ⅱ	뒤	후	전후
바를	정	7Ⅱ	正 ↔ 副	4Ⅱ	버금	부	정부
바를	정	7Ⅱ	正 ↔ 誤	4Ⅱ	그르칠	오	정오
바를	정	7Ⅱ	正 ↔ 反	6Ⅱ	돌이킬	반	정반
아침	조	6급	朝 ↔ 夕	7급	저녁	석	조석
아침	조	6급	朝 ↔ 野	6급	들	야	조야
할아비	조	7급	祖 ↔ 孫	6급	손자	손	조손
있을	존	4급	存 ↔ 亡	5급	망할	망	존망
있을	존	4급	存 ↔ 無	5급	없을	무	존무
왼	좌	7Ⅱ	左 ↔ 右	7Ⅱ	오른	우	좌우
허물	죄	5급	罪 ↔ 罰	4Ⅱ	벌할	벌	죄벌

허물	죄	5급	罪 ↔ 刑	4급	형벌	형	죄형
낮	주	6급	晝 ↔ 夜	6급	밤	야	주야
주인	주	7급	主 ↔ 客	5Ⅱ	손	객	주객
주인	주	7급	主 ↔ 從	4급	좇을	종	주종
가운데	중	8급	中 ↔ 外	8급	바깥	외	중외
더할	증	4Ⅱ	增 ↔ 減	4Ⅱ	덜	감	증감
더할	증	4Ⅱ	增 ↔ 損	4급	덜	손	증손
알	지	5Ⅱ	知 ↔ 行	6급	다닐	행	지행
나아갈	진	4Ⅱ	進 ↔ 退	4Ⅱ	물러날	퇴	진퇴
참	진	4Ⅱ	眞 ↔ 假	4Ⅱ	거짓	가	진가
모을	집	6Ⅱ	集 ↔ 配	4Ⅱ	나눌	배	집배
모을	집	6Ⅱ	集 ↔ 散	4급	흩을	산	집산
하늘	천	7급	天 ↔ 地	7급	땅[따]	지	천지
쇠	철	5급	鐵 ↔ 石	6급	돌	석	철석
처음	초	5급	初 ↔ 終	5급	마칠	종	초종
밀	추	4급	推 ↔ 引	4Ⅱ	끌	인	추인
봄	춘	7급	春 ↔ 秋	7급	가을	추	춘추
날	출	7급	出 ↔ 納	4급	들일	납	출납
날	출	7급	出 ↔ 入	7급	들	입	출입
충성	충	4Ⅱ	忠 ↔ 逆	4Ⅱ	거스를	역	충역
다스릴	치	4Ⅱ	治 ↔ 亂	4급	어지러울	란	치란
던질	투	4급	投 ↔ 打	5급	칠	타	투타
풍년	풍	4Ⅱ	豊 ↔ 凶	5Ⅱ	흉할	흉	풍흉
여름	하	7급	夏 ↔ 冬	7급	겨울	동	하동
배울	학	8급	學 ↔ 問	7급	물을	문	학문
찰	한	5급	寒 ↔ 暖	4Ⅱ	따뜻할	난	한란
찰	한	5급	寒 ↔ 熱	5급	더울	열	한열
찰	한	5급	寒 ↔ 溫	6급	따뜻할	온	한온
바다	해	7Ⅱ	海 ↔ 空	7Ⅱ	빌	공	해공
향할	향	6급	向 ↔ 背	4Ⅱ	등	배	향배
빌	허	4Ⅱ	虛 ↔ 實	5Ⅱ	열매	실	허실
나타날	현	4급	顯 ↔ 密	4Ⅱ	빽빽할	밀	현밀
형	형	8급	兄 ↔ 弟	8급	아우	제	형제
부를	호	4Ⅱ	呼 ↔ 應	4Ⅱ	응할	응	호응
부를	호	4Ⅱ	呼 ↔ 吸	4Ⅱ	마실	흡	호흡
좋을	호	4Ⅱ	好 ↔ 惡	5Ⅱ	미워할	오	호오
화할	화	6Ⅱ	和 ↔ 戰	6급	싸움	전	화전
살	활	7Ⅱ	活 ↔ 殺	4Ⅱ	죽일	살	활살
모일	회	6Ⅱ	會 ↔ 散	4급	흩을	산	회산
가르칠	훈	6급	訓 ↔ 學	8급	배울	학	훈학
검을	흑	5급	黑 ↔ 白	8급	흰	백	흑백
일	흥	4Ⅱ	興 ↔ 亡	5급	망할	망	흥망
일	흥	4Ⅱ	興 ↔ 敗	5급	패할	패	흥패
기쁠	희	4급	喜 ↔ 怒	4Ⅱ	성낼	노	희로
기쁠	희	4급	喜 ↔ 悲	4Ⅱ	슬플	비	희비

유의자

두 개의 글자가 서로 뜻이 비슷하고 대등한 뜻을 가진 한자를 말합니다.

거리	가 4II	街	–	道 7II	길	도	가도
거리	가 4II	街	–	路 6급	길	로	가로
노래	가 7급	歌	–	曲 5급	굽을	곡	가곡
노래	가 7급	歌	–	樂 6II	노래	악	가악
노래	가 7급	歌	–	謠 4II	노래	요	가요
집	가 7II	家	–	室 8급	집	실	가실
집	가 7II	家	–	屋 5급	집	옥	가옥
집	가 7II	家	–	宅 5II	집	택	가택
집	가 7II	家	–	戶 4II	집	호	가호
대쪽	간 4급	簡	–	略 4급	간략할	략	간략
대쪽	간 4급	簡	–	擇 4급	가릴	택	간택
느낄	감 6급	感	–	覺 4급	깨달을	각	감각
덜	감 4II	減	–	省 6II	덜	생	감생
덜	감 4II	減	–	損 4급	덜	손	감손
볼	감 4II	監	–	觀 5II	볼	관	감관
볼	감 4II	監	–	視 4II	볼	시	감시
볼	감 4II	監	–	察 4II	살필	찰	감찰
강	강 7II	江	–	河 5급	물	하	강하
욀	강 4II	講	–	解 4II	풀	해	강해
강할	강 6급	強	–	健 5급	굳셀	건	강건

들	거 5급	擧	–	動 7II	움직일	동	거동
살	거 4급	居	–	留 4II	머무를	류	거류
살	거 4급	居	–	住 7급	살	주	거주
클	거 4급	巨	–	大 8급	큰	대	거대
세울	건 5급	建	–	立 7급	설	립	건립
검사할	검 4II	檢	–	督 4II	감독할	독	검독
검사할	검 4II	檢	–	查 5급	조사할	사	검사
검사할	검 4II	檢	–	察 4II	살필	찰	검찰
격식	격 5II	格	–	式 6급	법	식	격식
격할	격 4급	激	–	烈 4급	매울	렬	격렬
굳을	견 4급	堅	–	強 6급	강할	강	견강
굳을	견 4급	堅	–	固 5급	굳을	고	견고
결단할	결 5II	決	–	斷 4II	끊을	단	결단
결단할	결 5II	決	–	判 4급	판단할	판	결판
깨끗할	결 4II	潔	–	白 8급	흰	백	결백
맺을	결 5II	結	–	束 5II	묶을	속	결속
맺을	결 5II	結	–	約 5II	맺을	약	결약
맺을	결 5II	結	–	構 4급	얽을	구	결구
경사	경 4II	慶	–	福 5II	복	복	경복
경사	경 4II	慶	–	祝 5급	빌	축	경축

깨우칠	경	4Ⅱ	警	–	覺	4급	깨달을	각	경각
깨우칠	경	4Ⅱ	警	–	戒	4급	경계할	계	경계
다툴	경	5급	競	–	爭	5급	다툴	쟁	경쟁
볕	경	5급	景	–	光	6Ⅱ	빛	광	경광
서울	경	6급	京	–	都	5급	도읍	도	경도
지경	경	4Ⅱ	境	–	界	6Ⅱ	지경	계	경계
지경	경	4Ⅱ	境	–	域	4급	지경	역	경역
지날	경	4Ⅱ	經	–	過	5Ⅱ	지날	과	경과
지날	경	4Ⅱ	經	–	歷	5Ⅱ	지날	력	경력
지날	경	4Ⅱ	經	–	理	6Ⅱ	다스릴	리	경리
지날	경	4Ⅱ	經	–	營	4급	경영할	영	경영
계절	계	4급	季	–	節	5Ⅱ	마디	절	계절
섬돌	계	4급	階	–	級	6급	등급	급	계급
섬돌	계	4급	階	–	段	4급	층계	단	계단
섬돌	계	4급	階	–	層	4급	층	층	계층
셀	계	6Ⅱ	計	–	算	7급	셈	산	계산
셀	계	6Ⅱ	計	–	數	7급	셈	수	계수
이을	계	4급	繼	–	續	4Ⅱ	이을	속	계속
이을	계	4급	繼	–	承	4Ⅱ	이을	승	계승
고할	고	5Ⅱ	告	–	白	8급	흰	백	고백
고할	고	5Ⅱ	告	–	示	5급	보일	시	고시
높을	고	6Ⅱ	高	–	卓	5급	높을	탁	고탁
생각할	고	5급	考	–	究	4Ⅱ	연구할	구	고구

생각할	고	5급	考	–	慮	4급	생각할	려	고려
연고	고	4Ⅱ	故	–	舊	5Ⅱ	예	구	고구
쓸	고	6급	苦	–	難	4Ⅱ	어려울	난	고난
외로울	고	4급	孤	–	獨	5Ⅱ	홀로	독	고독
곤할	곤	4급	困	–	窮	4급	다할	궁	곤궁
장인	공	7Ⅱ	工	–	作	6Ⅱ	지을	작	공작
장인	공	7Ⅱ	工	–	造	4Ⅱ	지을	조	공조
칠	공	4급	攻	–	擊	4급	칠	격	공격
칠	공	4급	攻	–	伐	4Ⅱ	칠	벌	공벌
칠	공	4급	攻	–	討	4급	칠	토	공토
한가지	공	6Ⅱ	共	–	同	7급	한가지	동	공동
과목	과	6Ⅱ	科	–	目	6급	눈	목	과목
과할	과	5Ⅱ	課	–	程	4Ⅱ	한도	정	과정
실과	과	6Ⅱ	果	–	敢	4급	감히	감	과감
실과	과	6Ⅱ	果	–	實	5Ⅱ	열매	실	과실
지날	과	5Ⅱ	過	–	去	5급	갈	거	과거
지날	과	5Ⅱ	過	–	失	6급	잃을	실	과실
지날	과	5Ⅱ	過	–	誤	4Ⅱ	그르칠	오	과오
관계할	관	5Ⅱ	關	–	與	4급	더불	여	관여
대롱	관	4급	管	–	理	6급	다스릴	리	관리
볼	관	5Ⅱ	觀	–	覽	4급	볼	람	관람
볼	관	5Ⅱ	觀	–	視	4Ⅱ	볼	시	관시
볼	관	5Ⅱ	觀	–	察	4Ⅱ	살필	찰	관찰

넓을	광	5II	廣	–	博	4II	넓을	박	광박
빛	광	6II	光	–	明	6II	밝을	명	광명
빛	광	6II	光	–	色	7급	빛	색	광색
가르칠	교	8급	敎	–	訓	6급	가르칠	훈	교훈
갖출	구	5II	具	–	備	4II	갖출	비	구비
구분할	구	6급	區	–	別	6급	다를	별	구별
구분할	구	6급	區	–	分	6II	나눌	분	구분
구분할	구	6급	區	–	域	4급	지경	역	구역
구원할	구	5급	救	–	援	4급	도울	원	구원
구원할	구	5급	救	–	濟	4II	건널	제	구제
얽을	구	4급	構	–	造	4II	지을	조	구조
얽을	구	4급	構	–	築	4II	쌓을	축	구축
고을	군	6급	郡	–	邑	7급	고을	읍	군읍
군사	군	8급	軍	–	兵	5II	병사	병	군병
무리	군	4급	群	–	黨	4II	무리	당	군당
무리	군	4급	群	–	衆	4II	무리	중	군중
임금	군	4급	君	–	王	8급	임금	왕	군왕
임금	군	4급	君	–	主	7급	주인	주	군주
굽힐	굴	4급	屈	–	曲	5급	굽을	곡	굴곡
굽힐	굴	4급	屈	–	折	4급	꺾을	절	굴절
다할	궁	4급	窮	–	究	4II	연구할	구	궁구
다할	궁	4급	窮	–	極	4II	극진할	극	궁극
다할	궁	4급	窮	–	盡	4급	다할	진	궁진
집	궁	4II	宮	–	家	7II	집	가	궁가
권할	권	4급	勸	–	勉	4급	힘쓸	면	권면
권할	권	4급	勸	–	奬	4급	장려할	장	권장
귀할	귀	5급	貴	–	重	7급	무거울	중	귀중
법	규	5급	規	–	格	5II	격식	격	규격
법	규	5급	規	–	律	4II	법칙	률	규율
법	규	5급	規	–	範	4급	법	범	규범
법	규	5급	規	–	則	5급	법칙	칙	규칙
법	규	5급	規	–	度	6급	헤아릴	탁	규탁
고를	균	4급	均	–	等	6II	무리	등	균등
고를	균	4급	均	–	調	5II	고를	조	균조
극진할	극	4II	極	–	端	4II	끝	단	극단
극진할	극	4II	極	–	盡	4급	다할	진	극진
뿌리	근	6급	根	–	本	6급	근본	본	근본
쇠	금	8급	金	–	鐵	5급	쇠	철	금철
급할	급	6II	急	–	速	6급	빠를	속	급속
줄	급	5급	給	–	與	4급	더불	여	급여
그릇	기	4II	器	–	具	5II	갖출	구	기구
기록할	기	7II	記	–	錄	4II	기록할	록	기록
기록할	기	7II	記	–	識	5II	기록할	지	기지
몸	기	5II	己	–	身	6II	몸	신	기신
일어날	기	4II	起	–	立	7급	설	립	기립
재주	기	5급	技	–	術	6급	재주	술	기술

재주	기	5급	技	–	藝	4Ⅱ	재주	예	기예
벌릴	라	4Ⅱ	羅	–	列	4Ⅱ	벌릴	렬	나열
들일	납	4급	納	–	入	7급	들	입	납입
해	년	8급	年	–	歲	5Ⅱ	해	세	연세
일할	로	5Ⅱ	勞	–	務	4Ⅱ	힘쓸	무	노무
힘쓸	노	4Ⅱ	努	–	力	7Ⅱ	힘	력	노력
논할	론	4Ⅱ	論	–	議	4Ⅱ	의논할	의	논의
끊을	단	4Ⅱ	斷	–	決	5Ⅱ	결단할	결	단결
끊을	단	4Ⅱ	斷	–	切	5Ⅱ	끊을	절	단절
끊을	단	4Ⅱ	斷	–	絶	4Ⅱ	끊을	절	단절
끝	단	4Ⅱ	端	–	正	7Ⅱ	바를	정	단정
둥글	단	5Ⅱ	團	–	圓	4Ⅱ	둥글	원	단원
홑	단	4Ⅱ	單	–	獨	5Ⅱ	홀로	독	단독
통달할	달	4Ⅱ	達	–	成	6Ⅱ	이룰	성	달성
말씀	담	5급	談	–	說	5Ⅱ	말씀	설	담설
말씀	담	5급	談	–	言	6급	말씀	언	담언
말씀	담	5급	談	–	話	7Ⅱ	말씀	화	담화
멜	담	4Ⅱ	擔	–	任	5Ⅱ	맡길	임	담임
집	당	6Ⅱ	堂	–	室	8급	집	실	당실
그림	도	6Ⅱ	圖	–	畫	6급	그림	화	도화
길	도	7Ⅱ	道	–	路	6급	길	로	도로
길	도	7Ⅱ	道	–	理	6Ⅱ	다스릴	리	도리
도둑	도	4급	盜	–	賊	4급	도둑	적	도적

도망할	도	4급	逃	–	亡	5급	망할	망	도망
도망할	도	4급	逃	–	避	4급	피할	피	도피
도읍	도	5급	都	–	市	7Ⅱ	저자	시	도시
도읍	도	5급	都	–	邑	7급	고을	읍	도읍
무리	도	4급	徒	–	黨	4Ⅱ	무리	당	도당
이를	도	5Ⅱ	到	–	達	4Ⅱ	통달할	달	도달
이를	도	5Ⅱ	到	–	着	5Ⅱ	붙을	착	도착
인도할	도	4Ⅱ	導	–	訓	6급	가르칠	훈	도훈
독	독	4Ⅱ	毒	–	害	5Ⅱ	해할	해	독해
골	동	7급	洞	–	里	7급	마을	리	동리
한가지	동	7급	同	–	等	6Ⅱ	무리	등	동등
한가지	동	7급	同	–	一	8급	한	일	동일
무리	등	6Ⅱ	等	–	級	6급	등급	급	등급
무리	등	6Ⅱ	等	–	類	5Ⅱ	무리	류	등류
나그네	려	5Ⅱ	旅	–	客	5Ⅱ	손	객	여객
익힐	련	5Ⅱ	練	–	習	6급	익힐	습	연습
법식	례	6급	例	–	規	5급	법	규	예규
법식	례	6급	例	–	法	5Ⅱ	법	법	예법
법식	례	6급	例	–	式	6급	법	식	예식
법식	례	6급	例	–	典	5Ⅱ	법	전	예전
헤아릴	료	5급	料	–	量	5급	헤아릴	량	요량
헤아릴	료	5급	料	–	度	6급	헤아릴	탁	요탁
뭍	륙	5Ⅱ	陸	–	地	7급	땅[따]	지	육지

끝	말 5급	末	– 端 4II	끝	단	말단		
매양	매 7II	每	– 常 4II	떳떳할	상	매상		
낯	면 7급	面	– 容 4II	얼굴	용	면용		
목숨	명 7급	命	– 令 5급	하여금	령	명령		
밝을	명 6II	明	– 白 8급	흰	백	명백		
밝을	명 6II	明	– 朗 5II	밝을	랑	명랑		
이름	명 7II	名	– 稱 4급	일컬을	칭	명칭		
본뜰	모 4급	模	– 範 4급	법	범	모범		
터럭	모 4II	毛	– 髮 4급	터럭	발	모발		
글월	문 7급	文	– 書 6II	글	서	문서		
글월	문 7급	文	– 章 6급	글	장	문장		
문	문 8급	門	– 戶 4II	집	호	문호		
물건	물 7II	物	– 件 5급	물건	건	물건		
물건	물 7II	物	– 品 5II	물건	품	물품		
아름다울	미 6급	美	– 麗 4II	고울	려	미려		
필	발 6II	發	– 起 4II	일어날	기	발기		
필	발 6II	發	– 射 4급	쏠	사	발사		
필	발 6II	發	– 展 5II	펼	전	발전		
모	방 7II	方	– 道 7II	길	도	방도		
모	방 7II	方	– 正 7II	바를	정	방정		
방해할	방 4급	妨	– 害 5II	해할	해	방해		
차례	번 6급	番	– 第 6II	차례	제	번제		
차례	번 6급	番	– 次 4II	버금	차	번차		
법	법 5II	法	– 規 5급	법	규	법규		
법	법 5II	法	– 度 6급	법도	도	법도		
법	법 5II	法	– 例 6급	법식	례	법례		
법	법 5II	法	– 律 4II	법칙	률	법률		
법	법 5II	法	– 式 6급	법	식	법식		
법	법 5II	法	– 典 5II	법	전	법전		
법	법 5II	法	– 則 5급	법칙	칙	법칙		
가	변 4II	邊	– 際 4II	즈음	제	변제		
변할	변 5II	變	– 改 5급	고칠	개	변개		
변할	변 5II	變	– 更 4급	고칠	경	변경		
변할	변 5II	變	– 易 4급	바꿀	역	변역		
변할	변 5II	變	– 革 4급	가죽	혁	변혁		
변할	변 5II	變	– 化 5II	될	화	변화		
병	병 6급	病	– 患 5급	근심	환	병환		
병사	병 5II	兵	– 士 5II	선비	사	병사		
병사	병 5II	兵	– 卒 5II	마칠	졸	병졸		
갚을	보 4II	報	– 告 5II	고할	고	보고		
지킬	보 4II	保	– 衛 4II	지킬	위	보위		
지킬	보 4II	保	– 護 4II	도울	호	보호		
복	복 5II	福	– 慶 4II	경사	경	복경		
근본	본 6급	本	– 源 4급	근원	원	본원		
받들	봉 5II	奉	– 仕 5II	섬길	사	봉사		
받들	봉 5II	奉	– 承 4II	이을	승	봉승		

떼	부	6Ⅱ	部	– 隊	4Ⅱ	무리	대	부대
떼	부	6Ⅱ	部	– 類	5Ⅱ	무리	류	부류
버금	부	4Ⅱ	副	– 次	4Ⅱ	버금	차	부차
나눌	분	6Ⅱ	分	– 別	6급	나눌	별	분별
나눌	분	6Ⅱ	分	– 配	4Ⅱ	나눌	배	분배
분할	분	4급	憤	– 怒	4Ⅱ	성낼	노	분노
비평할	비	4급	批	– 評	4급	평할	평	비평
쓸	비	5급	費	– 用	6Ⅱ	쓸	용	비용
가난할	빈	4Ⅱ	貧	– 困	4급	곤할	곤	빈곤
가난할	빈	4Ⅱ	貧	– 窮	4급	다할	궁	빈궁
말씀	사	4급	辭	– 說	5Ⅱ	말씀	설	사설
생각	사	5급	思	– 考	5급	생각할	고	사고
생각	사	5급	思	– 念	5Ⅱ	생각	념	사념
생각	사	5급	思	– 慮	4급	생각할	려	사려
생각	사	5급	思	– 想	4Ⅱ	생각	상	사상
일	사	7Ⅱ	事	– 業	6Ⅱ	업	업	사업
일	사	7Ⅱ	事	– 務	4Ⅱ	힘쓸	무	사무
조사할	사	5급	查	– 察	4Ⅱ	살필	찰	사찰
집	사	4Ⅱ	舍	– 屋	5급	집	옥	사옥
집	사	4Ⅱ	舍	– 宅	5Ⅱ	집	택	사택
하여금	사	6급	使	– 令	5급	하여금	령	사령
셈	산	7급	算	– 數	7급	셈	수	산수
생각	상	4Ⅱ	想	– 念	5Ⅱ	생각	념	상념

생각	상	4Ⅱ	想	– 思	5급	생각	사	상사
장사	상	5Ⅱ	商	– 量	5급	헤아릴	량	상량
형상	상	4Ⅱ	狀	– 態	4Ⅱ	모습	태	상태
날	생	8급	生	– 活	7Ⅱ	살	활	생활
날	생	8급	生	– 產	5Ⅱ	낳을	산	생산
덜	생	6Ⅱ	省	– 減	4Ⅱ	덜	감	생감
덜	생	6Ⅱ	省	– 略	4급	간략할	략	생략
글	서	6급	書	– 籍	4급	문서	적	서적
글	서	6급	書	– 冊	4급	책	책	서책
가릴	선	5급	選	– 擧	5급	들	거	선거
가릴	선	5급	選	– 擇	4급	가릴	택	선택
고울	선	5Ⅱ	鮮	– 麗	4Ⅱ	고울	려	선려
착할	선	5급	善	– 良	5Ⅱ	어질	량	선량
말씀	설	5Ⅱ	說	– 話	7Ⅱ	말씀	화	설화
살필	성	6Ⅱ	省	– 察	4Ⅱ	살필	찰	성찰
성	성	7급	姓	– 氏	4급	각시	씨	성씨
성품	성	5Ⅱ	性	– 心	7급	마음	심	성심
이룰	성	6급	成	– 就	4급	나아갈	취	성취
인간	세	7Ⅱ	世	– 界	6Ⅱ	지경	계	세계
인간	세	7Ⅱ	世	– 代	6Ⅱ	대신할	대	세대
본디	소	4Ⅱ	素	– 朴	6급	성	박	소박
본디	소	4Ⅱ	素	– 質	5Ⅱ	바탕	질	소질
덜	손	4급	損	– 傷	4급	다칠	상	손상

덜	손	4급	損	–	失	6급	잃을	실	손실
덜	손	4급	損	–	害	5급	해할	해	손해
나무	수	6급	樹	–	林	7급	수풀	림	수림
나무	수	6급	樹	–	木	8급	나무	목	수목
닦을	수	4Ⅱ	修	–	習	6급	익힐	습	수습
머리	수	5Ⅱ	首	–	頭	6급	머리	두	수두
받을	수	4Ⅱ	受	–	領	5급	거느릴	령	수령
빼어날	수	4급	秀	–	傑	4급	뛰어날	걸	수걸
줄	수	4Ⅱ	授	–	與	4급	더불	여	수여
지킬	수	4Ⅱ	守	–	衛	4Ⅱ	지킬	위	수위
잘	숙	5Ⅱ	宿	–	寢	4급	잘	침	숙침
순수할	순	4Ⅱ	純	–	潔	4Ⅱ	깨끗할	결	순결
높을	숭	4급	崇	–	高	6Ⅱ	높을	고	숭고
이을	승	4Ⅱ	承	–	繼	4급	이을	계	승계
때	시	7Ⅱ	時	–	期	5급	기약할	기	시기
베풀	시	4Ⅱ	施	–	設	4Ⅱ	베풀	설	시설
비로소	시	6Ⅱ	始	–	初	5급	처음	초	시초
시험	시	4Ⅱ	試	–	驗	4Ⅱ	시험	험	시험
법	식	6급	式	–	典	5Ⅱ	법	전	식전
납	신	4Ⅱ	申	–	告	5Ⅱ	고할	고	신고
몸	신	6Ⅱ	身	–	體	6Ⅱ	몸	체	신체
잃을	실	6급	失	–	敗	5급	패할	패	실패
아이	아	5Ⅱ	兒	–	童	6Ⅱ	아이	동	아동
눈	안	4Ⅱ	眼	–	目	6급	눈	목	안목
편안	안	7Ⅱ	安	–	康	4Ⅱ	편안	강	안강
맺을	약	5Ⅱ	約	–	束	5Ⅱ	묶을	속	약속
양식	량	4급	糧	–	穀	4급	곡식	곡	양곡
어질	량	5Ⅱ	良	–	好	4Ⅱ	좋을	호	양호
기를	양	5Ⅱ	養	–	育	7급	기를	육	양육
모양	양	4급	樣	–	態	4Ⅱ	모습	태	양태
말씀	어	7급	語	–	辭	4급	말씀	사	어사
말씀	언	6급	言	–	語	7급	말씀	어	언어
말씀	언	6급	言	–	辭	4급	말씀	사	언사
말씀	언	6급	言	–	說	5Ⅱ	말씀	설	언설
엄할	엄	4급	嚴	–	肅	4급	엄숙할	숙	엄숙
업	업	6Ⅱ	業	–	務	4Ⅱ	힘쓸	무	업무
남을	여	4Ⅱ	餘	–	暇	4급	겨를	가	여가
갈	연	4Ⅱ	硏	–	究	4Ⅱ	연구할	구	연구
갈	연	4Ⅱ	硏	–	修	4Ⅱ	닦을	수	연수
이을	련	4Ⅱ	連	–	續	4Ⅱ	이을	속	연속
생각	념	5Ⅱ	念	–	慮	4급	생각할	려	염려
거느릴	령	5급	領	–	統	4Ⅱ	거느릴	통	영통
거느릴	령	5급	領	–	受	4Ⅱ	받을	수	영수
길	영	6급	永	–	遠	6급	멀	원	영원
꽃부리	영	6급	英	–	特	6급	특별할	특	영특
영화	영	4Ⅱ	榮	–	華	4급	빛날	화	영화

재주	예	4Ⅱ	藝	–	術	6Ⅱ	재주	술	예술
따뜻할	온	6급	溫	–	暖	4Ⅱ	따뜻할	난	온난
완전할	완	5급	完	–	全	7Ⅱ	온전	전	완전
요긴할	요	5Ⅱ	要	–	求	4Ⅱ	구할	구	요구
날랠	용	6Ⅱ	勇	–	敢	4급	감히	감	용감
옮길	운	6Ⅱ	運	–	動	7급	움직일	동	운동
원망할	원	4급	怨	–	恨	4급	한	한	원한
원할	원	5급	願	–	望	5Ⅱ	바랄	망	원망
맡길	위	4급	委	–	任	5급	맡길	임	위임
클	위	5Ⅱ	偉	–	大	8급	큰	대	위대
남길	유	4급	遺	–	失	6급	잃을	실	유실
머무를	류	4Ⅱ	留	–	住	7급	살	주	유주
선비	유	4급	儒	–	士	5Ⅱ	선비	사	유사
고기	육	4Ⅱ	肉	–	身	6Ⅱ	몸	신	육신
고기	육	4Ⅱ	肉	–	體	6Ⅱ	몸	체	육체
숨길	은	4급	隱	–	祕	4급	숨길	비	은비
은혜	은	4Ⅱ	恩	–	惠	4Ⅱ	은혜	혜	은혜
소리	음	6Ⅱ	音	–	聲	4Ⅱ	소리	성	음성
뜻	의	6Ⅱ	意	–	思	5급	생각	사	의사
뜻	의	6Ⅱ	意	–	義	4Ⅱ	옳을	의	의의
뜻	의	6Ⅱ	意	–	志	4Ⅱ	뜻	지	의지
뜻	의	6Ⅱ	意	–	趣	4급	뜻	취	의취
옷	의	6급	衣	–	服	6급	옷	복	의복

의논할	의	4Ⅱ	議	–	論	4Ⅱ	논할	론	의논
의지할	의	4급	依	–	據	4급	근거	거	의거
이할	리	6Ⅱ	利	–	益	4Ⅱ	더할	익	이익
떠날	리	4급	離	–	別	6급	다를	별	이별
옮길	이	4Ⅱ	移	–	運	6Ⅱ	옮길	운	이운
옮길	이	4Ⅱ	移	–	轉	4급	구를	전	이전
끌	인	4Ⅱ	引	–	導	4Ⅱ	인도할	도	인도
알	인	4Ⅱ	認	–	識	5Ⅱ	알	식	인식
알	인	4Ⅱ	認	–	知	5Ⅱ	알	지	인지
인할	인	5급	因	–	緣	4급	인연	연	인연
스스로	자	7Ⅱ	自	–	己	5Ⅱ	몸	기	자기
재물	자	4급	資	–	財	5Ⅱ	재물	재	자재
재물	자	4급	資	–	質	5Ⅱ	바탕	질	자질
재물	자	4급	資	–	貨	4Ⅱ	재물	화	자화
남을	잔	4급	殘	–	餘	4Ⅱ	남을	여	잔여
재물	재	5Ⅱ	財	–	貨	4Ⅱ	재물	화	재화
재주	재	6Ⅱ	才	–	術	6Ⅱ	재주	술	재술
재주	재	6Ⅱ	才	–	藝	4Ⅱ	재주	예	재예
쌓을	저	5급	貯	–	積	4급	쌓을	적	저적
쌓을	저	5급	貯	–	蓄	4Ⅱ	모을	축	저축
법	전	5Ⅱ	典	–	例	6급	법식	례	전례
법	전	5Ⅱ	典	–	範	4급	법	범	전범
법	전	5Ⅱ	典	–	律	4Ⅱ	법칙	률	전율

법	전	5Ⅱ	典	–	籍	4급	문서	적	전적
싸움	전	6Ⅱ	戰	–	爭	5급	다툴	쟁	전쟁
싸움	전	6Ⅱ	戰	–	鬪	4급	싸움	투	전투
이을	접	4Ⅱ	接	–	續	4Ⅱ	이을	속	접속
뜰	정	6Ⅱ	庭	–	園	6급	동산	원	정원
뜻	정	5Ⅱ	情	–	意	6Ⅱ	뜻	의	정의
머무를	정	5급	停	–	留	4Ⅱ	머무를	류	정류
머무를	정	5급	停	–	住	7급	살	주	정주
머무를	정	5급	停	–	止	5급	그칠	지	정지
바를	정	7Ⅱ	正	–	直	7Ⅱ	곧을	직	정직
덜	제	4Ⅱ	除	–	減	4Ⅱ	덜	감	제감
임금	제	4급	帝	–	王	8급	임금	왕	제왕
제목	제	6Ⅱ	題	–	目	6급	눈	목	제목
지을	제	4Ⅱ	製	–	作	6Ⅱ	지을	작	제작
지을	제	4Ⅱ	製	–	造	4Ⅱ	지을	조	제조
고를	조	5Ⅱ	調	–	和	6Ⅱ	화할	화	조화
이를	조	4Ⅱ	早	–	速	6급	빠를	속	조속
지을	조	4Ⅱ	造	–	作	6Ⅱ	지을	작	조작
짤	조	4급	組	–	織	4급	짤	직	조직
높을	존	4Ⅱ	尊	–	高	6Ⅱ	높을	고	존고
높을	존	4Ⅱ	尊	–	貴	5급	귀할	귀	존귀
높을	존	4Ⅱ	尊	–	崇	4급	높을	숭	존숭
있을	존	4급	存	–	在	6급	있을	재	존재

마칠	종	5급	終	–	結	5Ⅱ	맺을	결	종결
마칠	종	5급	終	–	端	4Ⅱ	끝	단	종단
마칠	종	5급	終	–	末	5급	끝	말	종말
마칠	종	5급	終	–	止	5급	그칠	지	종지
자리	좌	4급	座	–	席	6급	자리	석	좌석
허물	죄	5급	罪	–	過	5Ⅱ	지날	과	죄과
고을	주	5Ⅱ	州	–	郡	6급	고을	군	주군
두루	주	4급	周	–	圍	4급	에워쌀	위	주위
붉을	주	4급	朱	–	紅	4급	붉을	홍	주홍
살	주	7급	住	–	居	4급	살	거	주거
무거울	중	7급	重	–	複	4급	겹칠	복	중복
더할	증	4Ⅱ	增	–	加	5급	더할	가	증가
알	지	5Ⅱ	知	–	識	5Ⅱ	알	식	지식
나아갈	진	4Ⅱ	進	–	出	7급	날	출	진출
나아갈	진	4Ⅱ	進	–	就	4급	나아갈	취	진취
보배	진	4급	珍	–	寶	4Ⅱ	보배	보	진보
참	진	4Ⅱ	眞	–	實	5Ⅱ	열매	실	진실
바탕	질	5Ⅱ	質	–	朴	6급	성	박	질박
바탕	질	5Ⅱ	質	–	素	4Ⅱ	본디	소	질소
바탕	질	5Ⅱ	質	–	正	7Ⅱ	바를	정	질정
모을	집	6Ⅱ	集	–	會	6Ⅱ	모일	회	집회
모을	집	6Ⅱ	集	–	團	5Ⅱ	둥글	단	집단
다를	차	4급	差	–	別	6급	다를	별	차별

다를	차	4급	差	–	異	4급	다를	이	차이
버금	차	4Ⅱ	次	–	第	6Ⅱ	차례	제	차제
살필	찰	4Ⅱ	察	–	見	5Ⅱ	볼	견	찰견
참여할	참	5Ⅱ	參	–	與	4급	더불	여	참여
부를	창	5급	唱	–	歌	7급	노래	가	창가
비롯할	창	4Ⅱ	創	–	始	6Ⅱ	비로소	시	창시
비롯할	창	4Ⅱ	創	–	作	6Ⅱ	지을	작	창작
캘	채	4급	採	–	擇	4급	가릴	택	채택
꾸짖을	책	5Ⅱ	責	–	任	5Ⅱ	맡길	임	책임
들을	청	4급	聽	–	聞	6급	들을	문	청문
맑을	청	6Ⅱ	淸	–	潔	4Ⅱ	깨끗할	결	청결
푸를	청	8급	靑	–	綠	6급	푸를	록	청록
처음	초	5급	初	–	創	4Ⅱ	비롯할	창	초창
마디	촌	8급	寸	–	節	5Ⅱ	마디	절	촌절
마을	촌	7급	村	–	里	7급	마을	리	촌리
마을	촌	7급	村	–	落	5급	떨어질	락	촌락
모을	축	4Ⅱ	蓄	–	積	4급	쌓을	적	축적
날[生]	출	7급	出	–	生	8급	날	생	출생
채울	충	5급	充	–	滿	4Ⅱ	찰	만	충만
헤아릴	측	4Ⅱ	測	–	度	6급	헤아릴	탁	측탁
다스릴	치	4Ⅱ	治	–	理	6Ⅱ	다스릴	리	치리
침노할	침	4Ⅱ	侵	–	犯	4급	범할	범	침범
칠	타	5급	打	–	擊	4급	칠	격	타격

헤아릴	탁	6급	度	–	量	5급	헤아릴	량	탁량
칠	토	4급	討	–	伐	4Ⅱ	칠	벌	토벌
흙	토	8급	土	–	地	7급	땅[따]	지	토지
거느릴	통	4Ⅱ	統	–	合	6급	합할	합	통합
밝을	통	7급	洞	–	達	4Ⅱ	통달할	달	통달
통할	통	6급	通	–	達	4Ⅱ	통달할	달	통달
싸움	투	4급	鬪	–	爭	5급	다툴	쟁	투쟁
특별할	특	6급	特	–	異	4급	다를	이	특이
판단할	판	4급	判	–	決	5Ⅱ	결단할	결	판결
패할	패	5급	敗	–	亡	5급	망할	망	패망
패할	패	5급	敗	–	北	8급	달아날	배	패배
편할	편	7급	便	–	安	7Ⅱ	편안	안	편안
평평할	평	7Ⅱ	平	–	等	6Ⅱ	무리	등	평등
평평할	평	7Ⅱ	平	–	安	7Ⅱ	편안	안	평안
평평할	평	7Ⅱ	平	–	和	6Ⅱ	화할	화	평화
평평할	평	7Ⅱ	平	–	均	4급	고를	균	평균
쌀	포	4Ⅱ	包	–	容	4Ⅱ	얼굴	용	포용
쌀	포	4Ⅱ	包	–	圍	4급	에워쌀	위	포위
풍년	풍	4Ⅱ	豊	–	足	7Ⅱ	발	족	풍족
풍년	풍	4Ⅱ	豊	–	厚	4급	두터울	후	풍후
피곤할	피	4급	疲	–	困	4급	곤할	곤	피곤
피곤할	피	4급	疲	–	勞	5Ⅱ	일할	로	피로
물	하	5급	河	–	川	7급	내	천	하천

아래	하	7Ⅱ	下 – 降	4급	내릴	강	하강
배울	학	8급	學 – 習	6급	익힐	습	학습
찰	한	5급	寒 – 冷	5급	찰	랭	한랭
한	한	4급	恨 – 歎	4급	탄식할	탄	한탄
겨룰	항	4급	抗 – 拒	4급	막을	거	항거
배	항	4Ⅱ	航 – 船	5급	배	선	항선
바다	해	7Ⅱ	海 – 洋	6급	큰바다	양	해양
풀	해	4Ⅱ	解 – 放	6급	놓을	방	해방
풀	해	4Ⅱ	解 – 散	4급	흩을	산	해산
풀	해	4Ⅱ	解 – 消	6Ⅱ	사라질	소	해소
해할	해	5Ⅱ	害 – 毒	4Ⅱ	독	독	해독
다닐	행	6급	行 – 動	7Ⅱ	움직일	동	행동
다닐	행	6급	行 – 爲	4Ⅱ	하	위	행위
시골	향	4Ⅱ	鄕 – 村	7급	마을	촌	향촌
빌	허	4Ⅱ	虛 – 空	7Ⅱ	빌	공	허공
빌	허	4Ⅱ	虛 – 無	5급	없을	무	허무
허락할	허	5급	許 – 可	5급	옳을	가	허가
법	헌	4급	憲 – 法	5Ⅱ	법	법	헌법
나타날	현	4급	顯 – 現	6Ⅱ	나타날	현	현현
어질	현	4Ⅱ	賢 – 良	5Ⅱ	어질	량	현량
모양	형	6Ⅱ	形 – 式	6급	법	식	형식
모양	형	6Ⅱ	形 – 象	4급	코끼리	상	형상
모양	형	6Ⅱ	形 – 容	4Ⅱ	얼굴	용	형용
모양	형	6Ⅱ	形 – 態	4Ⅱ	모습	태	형태
형벌	형	4급	刑 – 罰	4Ⅱ	벌할	벌	형벌
섞을	혼	4급	混 – 亂	4급	어지러울	란	혼란
섞을	혼	4급	混 – 雜	4급	섞일	잡	혼잡
말씀	화	7Ⅱ	話 – 言	6급	말씀	언	화언
말씀	화	7Ⅱ	話 – 說	5Ⅱ	말씀	설	화설
화할	화	6Ⅱ	和 – 協	4Ⅱ	화할	협	화협
굳을	확	4Ⅱ	確 – 固	5급	굳을	고	확고
기쁠	환	4급	歡 – 喜	4급	기쁠	희	환희
돌아올	회	4Ⅱ	回 – 歸	4급	돌아갈	귀	회귀
돌아올	회	4Ⅱ	回 – 轉	4급	구를	전	회전
모일	회	6Ⅱ	會 – 社	6Ⅱ	모일	사	회사
가르칠	훈	6급	訓 – 導	4Ⅱ	인도할	도	훈도
쉴	휴	7급	休 – 息	4Ⅱ	쉴	식	휴식
흉할	흉	5Ⅱ	凶 – 惡	5Ⅱ	악할	악	흉악
흉할	흉	5Ⅱ	凶 – 暴	4Ⅱ	사나울	포	흉포
마실	흡	4Ⅱ	吸 – 飮	6Ⅱ	마실	음	흡음
기쁠	희	4급	喜 – 樂	6Ⅱ	즐길	락	희락
바랄	희	4Ⅱ	希 – 望	5Ⅱ	바랄	망	희망
바랄	희	4Ⅱ	希 – 願	5급	원할	원	희원

혼동하기 쉬운 한자

서로 글자의 모양이 비슷하여 혼동하기 쉬운 한자를 말합니다.

거리	가	街	≠	衛	지킬	위
거짓	가	假	≠	暇	겨를	가
각각	각	各	≠	客	손	객
각각	각	各	≠	名	이름	명
방패	간	干	≠	于	어조사	우
느낄	감	感	≠	盛	성할	성
덜	감	減	≠	咸	다	함
볼	감	監	≠	鑑	거울	감
욀	강	講	≠	構	얽을	구
열	개	開	≠	聞	들을	문
굳셀	건	健	≠	建	세울	건
검사할	검	檢	≠	儉	검소할	검
개	견	犬	≠	大	큰	대
이지러질	결	缺	≠	訣	이별할	결
깨우칠	경	警	≠	驚	놀랄	경
지날	경	經	≠	輕	가벼울	경
계절	계	季	≠	李	오얏	리
맬	계	係	≠	系	이어맬	계
생각할	고	考	≠	老	늙을	로
쓸	고	苦	≠	若	같을	약
예	고	古	≠	吉	길할	길

굽을	곡	曲	≠	由	말미암을	유
곤할	곤	困	≠	因	인할	인
공	공	功	≠	攻	칠	공
한가지	공	共	≠	典	법	전
과목	과	科	≠	料	헤아릴	료
실과	과	果	≠	東	동녘	동
대롱	관	管	≠	營	경영할	영
벼슬	관	官	≠	宮	집	궁
가르칠	교	教	≠	校	학교	교
공	구	球	≠	救	구원할	구
아홉	구	九	≠	力	힘	력
군사	군	軍	≠	車	수레	거
무리	군	群	≠	郡	고을	군
권세	권	權	≠	勸	권할	권
문서	권	券	≠	卷	책	권
부지런할	근	勤	≠	謹	삼갈	근
이제	금	今	≠	令	하여금	령
쇠	금	金	≠	全	온전	전
기	기	旗	≠	族	겨레	족
몸	기	己	≠	已	이미	이
벼리	기	紀	≠	記	기록할	기

안	내	內	≠	丙	남녘	병
계집	녀	女	≠	安	편안	안
성낼	노	怒	≠	努	힘쓸	노
농사	농	農	≠	晨	새벽	신
많을	다	多	≠	夕	저녁	석
끝	단	端	≠	瑞	상서	서
단	단	壇	≠	檀	박달나무	단
마땅	당	當	≠	富	부자	부
기다릴	대	待	≠	侍	모실	시
대신할	대	代	≠	伐	칠	벌
큰	대	大	≠	太	클	태
무리	도	徒	≠	徙	옮길	사
법도	도	度	≠	席	자리	석
섬	도	島	≠	鳥	새	조
동녘	동	東	≠	束	묶을	속
오를	등	登	≠	發	필	발
떨어질	락	落	≠	洛	물이름	락
즐길	락	樂	≠	藥	약	약
올	래	來	≠	平	평평할	평
두	량	兩	≠	雨	비	우
나그네	려	旅	≠	族	겨레	족
지날	력	歷	≠	曆	책력	력
벌릴/벌일	렬	列	≠	烈	매울	렬
법식	례	例	≠	列	벌릴/벌일	렬
늙을	로	老	≠	孝	효도	효
기록할	록	錄	≠	綠	푸를	록
푸를	록	綠	≠	緣	인연	연
끝	말	末	≠	未	아닐	미
누이	매	妹	≠	姉	손윗누이	자
매양	매	每	≠	母	어미	모
팔	매	賣	≠	買	살	매
줄기	맥	脈	≠	派	갈래	파
울	명	鳴	≠	嗚	슬플	오
터럭	모	毛	≠	手	손	수
나무	목	木	≠	水	물	수
칠	목	牧	≠	技	재주	기
물을	문	問	≠	聞	들을	문
백성	민	民	≠	氏	각시	씨
나눌	반	班	≠	辨	분별할	변
반	반	半	≠	牛	소	우
막을	방	防	≠	妨	방해할	방
곱	배	倍	≠	培	북돋울	배
흰	백	白	≠	百	일백	백
벌할	벌	罰	≠	罪	허물	죄
벽	벽	壁	≠	璧	구슬	벽
말씀	변	辯	≠	辨	분별할	변

근본	본	本	≠	木	나무	목
아비	부	父	≠	交	사귈	교
지아비	부	夫	≠	天	하늘	천
북녘	북	北	≠	比	견줄	비
아닐	불	不	≠	下	아래	하
부처	불	佛	≠	彿	비슷할	불
견줄	비	比	≠	以	써	이
가난할	빈	貧	≠	貪	탐할	탐
얼음	빙	氷	≠	永	길	영
넉	사	四	≠	西	서녘	서
모일	사	社	≠	杜	막을	두
사기	사	史	≠	吏	벼슬아치	리
생각	사	思	≠	恩	은혜	은
스승	사	師	≠	帥	장수	수
메	산	山	≠	出	날	출
윗	상	上	≠	土	흙	토
형상	상	狀	≠	壯	장할	장
빛	색	色	≠	邑	고을	읍
글	서	書	≠	晝	낮	주
돌	석	石	≠	右	오를/오른	우
먼저	선	先	≠	光	빛	광
눈	설	雪	≠	雲	구름	운
베풀	설	設	≠	說	말씀	설

성	성	姓	≠	性	성품	성
쓸	소	掃	≠	歸	돌아갈	귀
작을	소	小	≠	少	적을	소
풍속	속	俗	≠	欲	하고자할	욕
손자	손	孫	≠	係	맬	계
머리	수	首	≠	頁	머리	혈
받을	수	受	≠	授	줄	수
아재비	숙	叔	≠	淑	맑을	숙
이길	승	勝	≠	騰	오를	등
베풀	시	施	≠	旅	나그네	려
저자	시	市	≠	巾	수건	건
납	신	申	≠	甲	갑옷	갑
새	신	新	≠	親	친할	친
신하	신	臣	≠	巨	클	거
잃을	실	失	≠	矢	화살	시
깊을	심	深	≠	探	찾을	탐
눈	안	眼	≠	眠	잘	면
사랑	애	愛	≠	受	받을	수
고기	어	魚	≠	漁	고기잡을	어
말씀	어	語	≠	話	말씀	화
같을	여	如	≠	始	비로소	시
더불	여	與	≠	興	일	흥
늘일	연	延	≠	廷	조정	정

영화	영	榮 ≠ 營	경영할	영
낮	오	午 ≠ 牛	소	우
구슬	옥	玉 ≠ 王	임금	왕
갈	왕	往 ≠ 住	살	주
쓸	용	用 ≠ 冊	책	책
얼굴	용	容 ≠ 谷	골	곡
오를	우	右 ≠ 左	왼	좌
위엄	위	威 ≠ 危	위태할	위
기름	유	油 ≠ 注	부을	주
남길	유	遺 ≠ 遣	보낼	견
말미암을	유	由 ≠ 田	밭	전
고기	육	肉 ≠ 內	안	내
마실	음	飮 ≠ 飯	밥	반
의심할	의	疑 ≠ 凝	엉길	응
사람	인	人 ≠ 入	들	입
날	일	日 ≠ 曰	가로	왈
놈	자	者 ≠ 考	생각할	고
모양	자	姿 ≠ 恣	방자할	자
어제	작	昨 ≠ 作	지을	작
긴	장	長 ≠ 辰	별	진
꾸밀	장	裝 ≠ 製	지을	제
장할	장	壯 ≠ 莊	씩씩할	장
있을	재	在 ≠ 存	있을	존
재목	재	材 ≠ 村	마을	촌

재주	재	才 ≠ 寸	마디	촌
낮을	저	低 ≠ 底	밑	저
길쌈	적	績 ≠ 積	쌓을	적
문서	적	籍 ≠ 藉	깔	자
붉을	적	赤 ≠ 亦	또	역
꺾을	절	折 ≠ 析	쪼갤	석
점령할	점	占 ≠ 店	가게	점
고요할	정	靜 ≠ 淨	깨끗할	정
끌	제	提 ≠ 堤	둑	제
아우	제	弟 ≠ 第	차례	제
절제할	제	制 ≠ 製	지을	제
제사	제	祭 ≠ 察	살필	찰
가지	조	條 ≠ 修	닦을	수
새	조	鳥 ≠ 烏	까마귀	오
이를	조	早 ≠ 旱	가물	한
잡을	조	操 ≠ 燥	마를	조
마칠	졸	卒 ≠ 率	거느릴	솔
허물	죄	罪 ≠ 罰	벌할	벌
고을	주	州 ≠ 洲	물가	주
살	주	住 ≠ 注	부을	주
임금	주	主 ≠ 王	임금	왕
준할	준	準 ≠ 集	모을	집
가운데	중	中 ≠ 申	납	신
무거울	중	重 ≠ 里	마을	리

가질	지	持	≠	特	특별할	특
그칠	지	止	≠	正	바를	정
짤	직	織	≠	識	알	식
진칠	진	陣	≠	陳	베풀	진
다를	차	差	≠	着	붙을	착
붙을	착	着	≠	看	볼	간
꾸짖을	책	責	≠	青	푸를	청
일천	천	千	≠	干	방패	간
날	출	出	≠	山	메	산
채울	충	充	≠	流	흐를	류
헤아릴	측	測	≠	側	곁	측
이를	치	致	≠	到	이를	도
친할	친	親	≠	新	새	신
일곱	칠	七	≠	匕	비수	비
쾌할	쾌	快	≠	決	결단할	결
다를	타	他	≠	地	땅[따]	지
칠	타	打	≠	材	재목	재
찾을	탐	探	≠	深	깊을	심
모습	태	態	≠	熊	곰	웅
가릴	택	擇	≠	澤	못	택
흙	토	土	≠	士	선비	사
던질	투	投	≠	牧	칠	목
널	판	板	≠	版	판목	판
여덟	팔	八	≠	人	사람	인
편할	편	便	≠	使	하여금	사
닫을	폐	閉	≠	閑	한가할	한
표	표	票	≠	標	표할	표
반드시	필	必	≠	心	마음	심
물	하	河	≠	何	어찌	하
한	한	恨	≠	限	한할	한
항구	항	港	≠	巷	거리	항
다행	행	幸	≠	辛	매울	신
빌	허	虛	≠	處	곳	처
험할	험	險	≠	儉	검소할	검
피	혈	血	≠	皿	그릇	명
모양	형	形	≠	刑	형벌	형
집	호	戶	≠	尸	주검	시
그림	화	畫	≠	晝	낮	주
근심	환	患	≠	忠	충성	충
기후	후	候	≠	條	가지	조
휘두를	휘	揮	≠	渾	흐릴	혼
쉴	휴	休	≠	体	몸	체
검을	흑	黑	≠	墨	먹	묵
기쁠	희	喜	≠	熹	빛날	희
바랄	희	希	≠	布	베	포

한자성어 · 사자성어 · 고사성어

- **漢字成語**란 우리말의 속담이나 격언 등을 한자로 옮겨 쓴 것을 말합니다.
- **四字成語**란 우리말 중에서 4음절로 이루어진 한자어 낱말을 이르는 말입니다.
- **故事成語**란 옛날부터 전해 내려오는 내력이 있는 일을 표현한 어구로써 옛사람들이 만든 말을 뜻합니다.

- 角者無齒 각자무치
한 사람이 모든 복(福)이나 재주를 겸(兼)하지 못함을 이르는 말.

- 敢不生心 감불생심
감히 엄두도 내지 못함. 감불생의(敢不生意).

- 甘言利說 감언이설
남의 비위(脾胃)를 맞추는 달콤한 말과 이로운 조건(條件)만 들어 그럴듯하게 꾸미는 말.

- 江湖煙波 강호연파
강이나 호수 위에 안개처럼 뽀얗게 이는 잔물결.

- 開卷有益 개권유익
'책을 읽으면 유익하다'는 뜻에서, 독서를 권장하는 말.

- 見利思義 견리사의
눈앞에 이익이 보일 때, 의리를 먼저 생각함.

- 見物生心 견물생심
물건을 보면 욕심이 생긴다는 말.

- 見事生風 견사생풍
어떤 일을 당하면 일을 재빨리 함.

- 見危授命 견위수명
나라가 위태로울 때 자기의 목숨을 나라에 바침. 견위치명(見危致命).

- 結草報恩 결초보은
'풀을 맺어 은혜를 갚는다'는 뜻.

- 經國濟世 경국제세
나라 일을 경륜(經綸)하고 세상을 구제(救濟)함.

- 經世濟民 경세제민
세상을 다스리고 백성을 구제(救濟)함.

- 驚天動地 경천동지
'하늘을 놀라게 하고 땅을 들썩거리게 한다'는 뜻.

- 敬天愛人 경천애인
하늘을 숭배(崇拜)하고 인간을 사랑함.

- 鷄卵有骨 계란유골
'계란에 뼈가 있다'는 뜻.

- 孤立無援 고립무원
고립되어 구원을 받을 데가 없음.

- 高山流水 고산유수
①'높은 산과 흐르는 물'이라는 뜻. ②극히 미묘한 '거문고의 가락', 또는 '知己'를 비유.

- 苦盡甘來 고진감래
'쓴 것이 다하면 단 것이 온다'는 뜻.

- 骨肉相殘 골육상잔
같은 혈족끼리 서로 다투고 해(害)하는 것. 골육상쟁(骨肉相爭).

- 功過相半 공과상반
공로(功勞)와 과실(過失)이 서로 반반임.

- 公明正大 공명정대
하는 일이나 행동에 사사로움이 없이 떳떳하고 바름.

- 空前絶後 공전절후
전에도 없었고 앞으로도 없음. 전무후무(前無後無).

- 交友以信 교우이신
세속오계(世俗五戒)의 하나로, '벗은 믿음으로써 사귀어야 한다'는 계율(戒律).

- 教學相長 교학상장
가르치는 일과 배우는 일은 다 함께 자기의 학업을 증진시키는 것임.

- 救國干城 구국간성
나라를 지키는 군대나 인물.

- 九死一生 구사일생
여러 차례 죽을 고비를 겪고 겨우 살아남.

- 九牛一毛 구우일모
매우 많은 가운데에 섞인 아주 적은 것.

- 君子不器 군자불기
그릇이란 제각기 한 가지 소용에 맞는 것이나, 덕이 있는 사람은 그렇지 않아 온갖 방면에 통함을 이르는 말.

- 權不十年 권불십년
아무리 높은 권세(權勢)라도 10년을 지속(持續)하기 어렵다.

- 近朱者赤 근주자적
'붉은 빛을 가까이 하는 사람은 붉게 된다'는 뜻으로 주위 환경이 중요함을 이르는 말.

- 起死回生 기사회생
중병이 들어 죽을 뻔하다가 다시 살아남.

- 奇想天外 기상천외
보통 사람이 쉽게 짐작할 수 없을 정도로 엉뚱하고 기발(奇拔)한 생각.

- 起承轉結 기승전결
문학작품의 서술체계를 구성하는 형식. [첫머리를 기(起), 이것을 받아 전개시키는 부분을 승(承), 뜻을 바꾸는 부분을 전(轉), 끝맺는 부분을 결(結)이라 함.]

- 落落長松 낙락장송
가지가 축축 늘어진 키가 큰 소나무.

- 難攻不落 난공불락
공격하기가 어려워 좀처럼 함락(陷落)되지 아니함.

- 亂臣賊子 난신적자
임금을 죽이는 신하와 어버이를 해하는 자식이라는 뜻.

- 難兄難弟 난형난제
누구를 형이라 하고 누구를 동생이라 할지 분간하기 어렵다는 뜻으로 우열(優劣)을 가리기 힘들다는 말.

- 男女有別 남녀유별
남자와 여자 사이에 분별이 있어야 함을 이르는 말.

- 怒發大發 노발대발
몹시 노하거나 성을 냄.

- 老少同樂 노소동락
늙은이와 젊은이가 함께 즐김.

- 論功行賞 논공행상
공적의 크고 작음에 의하여 그에 알맞은 상을 줌.

- 多多益善 다다익선
'많으면 많을수록 좋다'는 뜻.

- 多事多難 다사다난
여러 가지로 일도 많고 어려움도 많음.

- 多情多感 다정다감
정이 많고 감정이 풍부함.

- 大驚失色 대경실색
몹시 놀라 얼굴빛이 변함.

- 大同小異 대동소이
거의 같고 조금 다름.

- 大明天地 대명천지
아주 환하게 밝은 세상.

- 獨不將軍 독불장군
'따돌림을 당하는 외로운 사람'이라는 뜻.

- 讀書三到 독서삼도
독서를 하는 데에 이르는 세 가지 방법으로, '구도(口到)·심도(心到)·안도(眼到)'에 있음을 이르는 말.

- 同苦同樂 동고동락
괴로움도 즐거움도 함께 한다는 뜻.

- 同門修學 동문수학
한 스승 밑에서 함께 학문을 닦고 배움.

- 東西古今 동서고금
동양과 서양, 옛날과 지금을 통틀어 이르는 말.

- 同姓同本 동성동본
성(姓)과 본관(本貫)이 모두 같음.

- 燈下不明 등하불명
등잔(燈盞) 밑이 어둡다는 뜻으로 가까이에 있는 물건이나 사람을 잘 찾지 못함을 이르는 말.

- 燈火可親 등화가친
가을이 되어 서늘하면 밤에 불을 가까이 하여 글읽기에 좋다는 말.

- 馬耳東風 마이동풍
'말의 귓가를 스치는 동풍'이라는 뜻으로 남의 말을 귀담아듣지 아니함을 이르는 말.

- 明鏡止水 명경지수
'맑은 거울과 같이 맑고 잔잔한 물'이라는 뜻.

- 明明白白 명명백백
아주 명백(明白)하여 의심(疑心)할 여지(餘地)가 없음.

- 目不識丁 목불식정
'낫 놓고 기역자도 모른다'는 뜻으로, '아주 까막눈인 사람'을 비유해 이르는 말.

- 無不通知 무불통지
무슨 일이든지 다 통하여 모르는 것이 없음.

- 無錢旅行 무전여행
비용을 들이지 않고 다니는 여행.

- 文房四友 문방사우
서재(書齋)에 꼭 있어야 할 네 벗, 즉 '종이·붓·벼루·먹'을 말함.

- 聞一知十 문일지십
한 가지를 듣고 열 가지를 미루어 앎.

- 門前成市 문전성시
권세가 드날리거나 부자가 되어 집 앞이 찾아오는 손님들로 마치 시장을 이룬 것 같음을 이르는 말.

- 美風良俗 미풍양속
아름답고 좋은 풍속.

- 半信半疑 반신반의
반쯤은 믿으면서도 반쯤은 의심함.

- 博覽強記 박람강기
책을 많이 읽고 기억을 잘함.

- 博學多識 박학다식
학문이 넓고 식견이 많음.

- 百家爭鳴 백가쟁명
많은 학자·문화인 등의 논쟁, 또는 여러 사람이 서로 자기주장을 내세우는 일.

- 百年大計 백년대계
먼 앞날까지 미리 내다보고 세우는 크고 중요한 계획.

- 百年河清 백년하청
백 년 동안 황하(黃河)의 물이 맑아지기를 기다린다는 뜻으로 아무리 오랜 시일이 지나도 어떤 일이 이루어지기 어려움을 이르는 말.

- 白面書生 백면서생
  '한갓 글만 읽고 세상일에 경험이 없는 어두운 사람'을 이르는 말.
- 百發百中 백발백중
  총·활 같은 것이 겨눈 곳에 꼭꼭 맞음. 미리 생각한 일들이 꼭꼭 들어맞음.
- 白衣民族 백의민족
  '흰옷을 입은 민족'이라는 뜻으로, '우리 민족'을 이르는 말.
- 百戰老將 백전노장
  수 없이 많은 싸움을 치른 노련한 장수를 말함.
- 百戰百勝 백전백승
  백 번 싸워 백 번 이긴다는 말.
- 百折不屈 백절불굴
  백 번 꺾여도 굽히지 않는다는 뜻.
- 百害無益 백해무익
  해롭기만 하고 조금도 이로운 바가 없음.
- 步武堂堂 보무당당
  걸음걸이가 활발하고 당당함.
- 富國強兵 부국강병
  나라의 경제력을 넉넉하게 하고, 군사력(軍事力)을 튼튼하게 하는 일.
- 父子有親 부자유친
  오륜의 하나. 아버지와 아들 사이의 도리는 친애에 있음을 뜻함.
- 父傳子傳 부전자전
  대대로 아버지가 아들에게 전함.
- 北窓三友 북창삼우
  '거문고와 시(詩)와 술'을 아울러 일컫는 말.
- 不老長生 불로장생
  늙지 아니하고 오래 삶. 장생불로(長生不老).
- 不問曲直 불문곡직
  옳고 그름을 가리지 않고 함부로 일을 처리함.
- 不遠千里 불원천리
  천 리 길도 멀다고 여기지 않음.
- 非一非再 비일비재
  같은 종류의 현상이 한두 번이나 한둘이 아님.
- 貧者一燈 빈자일등
  '가난한 사람이 밝힌 등불 하나'라는 뜻으로, '가난 속에서도 보인 작은 성의가, 부귀한 사람들의 많은 보시(布施)보다도 가치가 큼'을 이르는 말.
- 事君以忠 사군이충
  세속오계(世俗五戒)의 하나로, '임금을 충성으로써 섬김'을 이르는 말.
- 士農工商 사농공상
  선비·농부·공장·상인 등 네 가지 신분을 아울러 이르는 말.
- 師弟三世 사제삼세
  스승과 제자와의 인연은 前世·現世·來世에 이르기까지 계속된다는 말.
- 事親以孝 사친이효
  세속오계(世俗五戒)의 하나로, 어버이를 섬기기를 효도로써 함을 이르는 말.
- 四通五達 사통오달
  이리저리 사방을 통함. 사통팔달(四通八達)
- 事必歸正 사필귀정
  모든 잘잘못은 반드시 바른 길로 돌아옴.
- 山高水長 산고수장
  산은 높고 강은 길게 흐른다는 뜻.

- 山戰水戰 산전수전
산에서도 싸우고 물에서도 싸웠다는 뜻으로 온갖 고생과 어려움을 다 겪었음을 이르는 말.

- 殺生有擇 살생유택
세속오계의 하나. 살생을 하는 데에 가림이 있다는 뜻.

- 殺身成仁 살신성인
목숨을 버리고 어진 일을 이룬다는 뜻.

- 三寒四溫 삼한사온
겨울철에 한국 · 중국 · 만주 등지에서 3일 가량 추웠다가, 다음 4일 가량은 따뜻한 날씨가 이어지는 주기적(週期的)인 기후 현상.

- 生面不知 생면부지
이전에 만나 본 일이 없어 전혀 알지 못하는 사람, 또는 그런 관계.

- 生不如死 생불여사
몹시 어려운 형편(形便)에 빠져 있음을 이르는 말.

- 生死苦樂 생사고락
'삶과 죽음, 괴로움과 즐거움'을 아울러 이르는 말.

- 先公後私 선공후사
공적인 일을 먼저 하고 사사로운 일을 뒤로 돌림.

- 先禮後學 선례후학
먼저 예의를 익히고 나서 학문을 하라는 말.

- 說往說來 설왕설래
서로 변론(辯論)을 주고받으며 옥신각신함.

- 送舊迎新 송구영신
묵은해를 보내고 새해를 맞음.

- 視死如歸 시사여귀
죽음을 고향에 돌아가는 것처럼 여긴다는 뜻.

- 視死如生 시사여생
죽음을 삶과 같이 보아 두려워하지 않는다는 뜻.

- 是是非非 시시비비
옳고 그름을 가림.

- 始終如一 시종여일
처음부터 끝까지 변함없이 한결같음.

- 信賞必罰 신상필벌
상벌(賞罰)을 규정(規定)대로 공정(公正)하고 엄중(嚴重)하게 하는 일.

- 身言書判 신언서판
'사람됨을 판단하는 네 가지 기준'을 말한 것.

- 身土不二 신토불이
'몸과 땅은 둘이 아니고 하나'라는 뜻.

- 實事求是 실사구시
있는 그대로의 사실, 즉 실제(實際)에 입각(立脚)해서 그 일의 진상(眞相)을 찾고 구하는 것을 말함.

- 十目所視 십목소시
여러 사람이 다 같이 보고 있다는 뜻으로 세상 사람을 속일 수 없음을 이르는 말.

- 十分無疑 십분무의
근거(根據)가 충분하여 조금도 의심(疑心)할 바가 없음.

- 十常八九 십상팔구
'열 가운데 여덟이나 아홉이 그러하다'는 뜻.

- 十中八九 십중팔구
열 가운데 여덟이나 아홉 정도라는 말로 거의 틀림없음.

- 十指不動 십지부동
열 손가락을 꼼짝하지 아니한다는 뜻으로 게으름을 이르는 말.

- 安居危思 안거위사
편안(便安)할 때에 어려움이 닥칠 것을 미리 대비(對備)하여야 함.

- 安分知足 안분지족

편안(便安)한 마음으로 제 분수(分數)를 지키며 만족(滿足)을 앎.

- 安貧樂道 안빈낙도

구차(苟且)하고 궁색(窮塞)하면서도 그것에 구속(拘束)되지 않고 평안(平安)하게 즐기는 마음으로 살아감.

- 安心立命 안심입명

(불교에서) 믿음으로 마음의 평화를 얻어, 하찮은 일에 마음이 흔들리지 않는 경지를 이르는 말.

- 眼下無人 안하무인

눈 아래에 사람이 없다는 뜻으로 방자하고 교만함을 이르는 말.

- 愛人如己 애인여기

남 사랑하기를 내 몸 사랑하는 것같이 함.

- 弱肉強食 약육강식

약한 자는 강한 자에게 먹힘.

- 良藥苦口 양약고구

좋은 약은 입에 쓰다는 뜻.

- 語不成說 어불성설

말이 이치에 맞지 않음.

- 言語道斷 언어도단

말할 길이 막혔다는 뜻.

- 言中有骨 언중유골

말 속에 뼈가 있다는 뜻으로 말 속에 단단한 속뜻이 들어 있음을 이르는 말.

- 言行相反 언행상반

말과 행동이 서로 반대되거나 어긋남.

- 言行一致 언행일치

말과 행동이 서로 같음.

- 嚴冬雪寒 엄동설한

몹시 추운 겨울의 심한 추위.

- 餘無可論 여무가론

대강(大綱)이 이미 결정(決定)되어 나머지는 의논할 필요가 없음.

- 與民同樂 여민동락

임금이 백성과 함께 즐김.

- 餘不備禮 여불비례

예를 다 갖추지 못했다는 뜻으로, 편지의 끝에 인사 대신 쓰는 말.

- 如出一口 여출일구

이구동성(異口同聲).

- 與他自別 여타자별

남보다 사이가 유달리 가까움.

- 緣木求魚 연목구어

나무에 올라가 고기를 구한다는 뜻으로 불가능한 일을 굳이 하려 함을 이르는 말.

- 溫故知新 온고지신

옛것을 익히고 그것을 미루어 새로운 것을 앎.

- 樂山樂水 요산요수

지혜(智慧)있는 자는 사리(事理)에 통달(通達)하여 물과 같이 막힘이 없으므로 물을 좋아하고, 어진 자는 의리(義理)에 밝고 산과 같이 중후(重厚)하여 변하지 않으므로 산을 좋아한다는 말.

- 右往左往 우왕좌왕

이리저리 왔다갔다함.

- 牛耳讀經 우이독경

'쇠귀에 경 읽기'라는 뜻으로 아무리 일러주어도 알아듣지 못함.

- 危機一髮 위기일발

위태로움이 몹시 절박한 순간.

- 有口無言 유구무언
  입은 있으나 말이 없다는 뜻.
- 類萬不同 유만부동
  비슷한 것들이 수만 가지가 있어도 같지는 않다는 뜻.
- 有名無實 유명무실
  이름만 있고 그 실상(實相)이 없음.
- 有備無患 유비무환
  미리 준비(準備)해 두면 근심될 것이 없음.
- 類類相從 유유상종
  같은 무리끼리 서로 따르고 좇으며 왕래하여 사귄다는 뜻.
- 陰德陽報 음덕양보
  남이 모르게 덕행을 쌓은 사람은 뒤에 그 보답을 저절로 받음을 이르는 말.
- 異口同聲 이구동성
  여러 사람의 말이 한결같다는 뜻.
- 以卵擊石 이란격석
  달걀로 바위를 친다는 뜻으로 아주 약한 것으로 강한 것에 대항하려는 어리석음을 비유한 말. 이란투석(以卵投石).
- 以心傳心 이심전심
  마음으로 마음을 전한다는 뜻.
- 以熱治熱 이열치열
  '열은 열로써 다스린다'는 뜻.
- 利用厚生 이용후생
  백성이 사용하는 기구 따위를 편리하게 하고, 의식(衣食)을 풍부하게 하여 생활을 윤택하게 함.
- 離合集散 이합집산
  헤어졌다 모였다 함. 뭉치고 흩어짐.
- 因果應報 인과응보
  선(善)과 악(惡)에 따라 반드시 업보(業報)가 있음.
- 引過自責 인과자책
  자기의 잘못을 깨닫고 스스로 꾸짖음.
- 人命在天 인명재천
  목숨의 길고 짧음은 하늘에 매여 있다는 말.
- 人死留名 인사유명
  사람은 죽어도 그 삶이 헛되지 않도록 이름을 길이 남겨야 한다는 말.
- 人事不省 인사불성
  제 몸에 벌어지는 일을 모를 만큼 정신을 잃은 상태.
- 仁者無敵 인자무적
  어진 사람은 모든 사람을 사랑하므로 적대하는 사람이 없음을 이르는 말.
- 一刻千金 일각천금
  극히 짧은 시각(時刻)도 천금의 값어치가 나갈 만큼 매우 귀중함.
- 一擧兩得 일거양득
  한 가지 일로 두 가지 이익을 얻음. 일석이조(一石二鳥).
- 一口二言 일구이언
  한 입으로 두 말을 한다는 뜻으로 말을 이랬다저랬다 함.
- 日暖風和 일난풍화
  날씨가 따뜻하고 바람결이 부드러움.
- 一脈相通 일맥상통
  사고방식·처지·성질 따위가 서로 비슷하거나 한 가지로 통함.
- 一罰百戒 일벌백계
  타(他)의 경각심(警覺心)을 불러일으키기 위하여 본보기로 무거운 처벌을 하는 일.

- 一石二鳥 일석이조
일거양득(一擧兩得).

- 一葉知秋 일엽지추
나뭇잎 하나가 떨어지는 것을 보고 가을이 온 것을 안다는 뜻.

- 一牛鳴地 일우명지
소 한 마리의 우는 소리가 들릴 만한 가까운 거리의 땅.

- 一衣帶水 일의대수
한 줄기의 띠와 같은 작은 냇물이나 바닷물, 또는 그 것을 사이에 둔 관계.

- 一日三秋 일일삼추
하루가 3년처럼 길게 느껴진다는 뜻.

- 一長一短 일장일단
장점도 있고 단점도 있음.

- 一進一退 일진일퇴
한 번 나아갔다 한 번 물러섰다 하거나, 좋아졌다 나빠졌다 함.

- 日就月將 일취월장
나날이 발전하고 다달이 진보함.

- 一喜一悲 일희일비
기쁜 일과 슬픈 일이 번갈아 일어남.

- 立春大吉 입춘대길
입춘을 맞이하여 길운을 기원하는 글.

- 自強不息 자강불식
스스로 힘써 쉬지 아니함.

- 自給自足 자급자족
자기의 수요(需要)를 스스로 생산(生産)하여 충당(充當)함.

- 自手成家 자수성가
물려받은 재산이 없이 자기 혼자의 힘으로 집안을 일으키고 재산을 모음.

- 自業自得 자업자득
자기가 저지른 일의 과보(果報)를 자기 자신이 받음.

- 自由自在 자유자재
자기의 뜻대로 모든 것이 자유롭고 거침이 없음.

- 自畫自讚 자화자찬
자기가 그린 그림을 스스로 칭찬한다는 뜻.

- 作心三日 작심삼일
마음먹은 것이 사흘을 가지 못한다는 뜻.

- 張三李四 장삼이사
'장씨(張氏)의 삼남(三男)과 이씨(李氏)의 사남(四男)'이라는 뜻으로, '평범한 사람'을 뜻하는 말.

- 積小成大 적소성대
작은 것도 쌓이면 큰 것을 이룸.

- 適者生存 적자생존
환경에 적응하는 것만이 살아남고, 그렇지 못한 것은 도태되어 멸망함.

- 適材適所 적재적소
어떤 일에 알맞은 재능(才能)을 가진 사람에게 알맞은 임무(任務)를 맡김.

- 積土成山 적토성산
흙이 쌓여 산을 이룬다는 뜻.

- 電光石火 전광석화
'번개가 치거나 부싯돌이 부딪칠 때의 번쩍이는 빛'이라는 뜻으로 매우 짧은 시간이나 재빠른 움직임을 비유적으로 이르는 말.

- 前無後無 전무후무
전에도 없었고 앞으로도 없음.

- 精神一到 정신일도

정신을 한 곳으로 집중함.

- 正正堂堂 정정당당

(태도·처지·수단 따위가) 바르고 떳떳함.

- 濟世安民 제세안민

세상을 구제(救濟)하고 백성을 편안하게 함.

- 朝變夕改 조변석개

아침저녁으로 뜯어 고친다는 뜻.

- 種豆得豆 종두득두

'콩 심은 데 콩 난다'는 뜻으로 원인에 따라 결과가 생김을 이르는 말.

- 走馬看山 주마간산

'말을 달리면서 산을 본다'는 말로 자세히 살펴보지 않고 대충 보고 지나감을 뜻함.

- 竹馬故友 죽마고우

'죽마(竹馬)를 타고 놀던 벗'이라는 말로, 어릴 때부터 가까이 지낸 친구를 뜻함.

- 衆口難防 중구난방

뭇사람의 말을 이루 다 막기는 어렵다는 뜻.

- 知過必改 지과필개

허물이 있는 것을 알면 반드시 고쳐야 한다.

- 知行合一 지행합일

참 지식은 반드시 실행이 따라야 한다는 말.

- 千慮一失 천려일실

여러 번 생각하여 신중하고 조심스럽게 한 일에도 때로는 한 가지 실수가 있음.

- 天災地變 천재지변

자연현상에 의해 빚어지는 재앙.

- 千差萬別 천차만별

여러 가지 사물이 모두 차이와 구별이 있음.

- 千篇一律 천편일률

여러 시문(詩文)의 글귀가 모두 비슷비슷하다는 뜻.

- 淸風明月 청풍명월

맑은 바람과 밝은 달.

- 草綠同色 초록동색

풀빛과 녹색은 같다는 뜻으로 같은 처지에 있는 사람과 어울림.

- 初志不變 초지불변

처음에 먹은 마음이 끝까지 변하지 않음.

- 寸鐵殺人 촌철살인

조그만 쇠붙이로 사람을 죽일 수 있다는 뜻으로, 간단한 말로도 남에게 감동을 주거나 약점을 찌를 수 있다는 말.

- 秋風落葉 추풍낙엽

'가을바람에 떨어지는 나뭇잎'이라는 뜻.

- 出將入相 출장입상

전시(戰時)에는 싸움터에 나가서 장군(將軍)이 되고, 평시(平時)에는 재상(宰相)이 되어 정치를 함.

- 忠言逆耳 충언역이

충고(忠告)하는 말은 귀에 거슬린다. 충언역어이(忠言逆於耳).

- 他山之石 타산지석

'다른 산의 돌이라도 자신의 옥돌을 가는 데에 도움이 된다'는 뜻으로, 하찮은 남의 말이나 행동도 자신의 지식과 인격을 수양하는 데에 도움이 될 수 있음을 비유하여 이르는 말.

- 卓上空論 탁상공론

'탁자 위에서만 펼치는 헛된 이론'이라는 뜻.

- 太平聖代 태평성대

어진 임금이 잘 다스리는 태평한 세상이나 시대.

- 八方美人 팔방미인

어느 모로 보나 아름다운 사람, 또는 여러 방면에 능통한 사람.

- 敗家亡身 패가망신

가산을 탕진하고 몸을 망침.

- 風前燈火 풍전등화

바람 앞에 켠 등불처럼 매우 위급한 경우에 놓여 있음을 가리키는 말.

- 下學上達 하학상달

낮고 쉬운 것을 배워 깊고 어려운 이치를 깨달음.

- 閑話休題 한화휴제

쓸데없는 이야기는 그만둔다는 뜻.

- 向陽花木 향양화목

'볕을 받은 꽃나무'라는 뜻으로 크게 잘 될 사람을 이르는 말.

- 虛氣平心 허기평심

기(氣)를 가라앉히고 마음을 고요히 함.

- 虛名虛實 허명허실

헛된 이름만 있고 실상이 없음.

- 虛張聲勢 허장성세

실속이 없으면서 허세(虛勢)만 떠벌림.

- 虛虛實實 허허실실

허실(虛實)의 계책을 써서 싸운다는 뜻.

- 花容月態 화용월태

'꽃다운 얼굴과 달 같은 자태'라는 뜻.

- 花朝月夕 화조월석

①'꽃피는 아침과 달 밝은 밤'이라는 뜻으로, '경치가 좋은 시절'을 이르는 말. ②보통 '음력 2월 보름(花朝)과 8월 보름(月夕)'을 이르는 말.

- 會者定離 회자정리

만나면 언젠가는 헤어지게 되어있다는 뜻.

- 訓民正音 훈민정음

'백성을 가르치는 바른 소리'라는 뜻으로, 1443년에 세종이 창제한 우리나라 글자를 이르는 말.

- 興盡悲來 흥진비래

즐거운 일이 다하면 슬픔이 온다는 뜻.

- 喜喜樂樂 희희낙락

매우 기뻐하고 즐거워함.

약자(略字)

글자의 획수를 줄여서 쓴 글자를 말합니다.

※ 4급 시험에 출제되는 약자는 5급 범위에서 출제됩니다.

価	價(값 가)	変	變(변할 변)
挙	擧(들 거)	写	寫(베낄 사)
軽	輕(가벼울 경)	数	數(셈 수)
関	關(관계할 관)	実	實(열매 실)
観	觀(볼 관)	児	兒(아이 아)
広	廣(넓을 광)	悪	惡(악할 악)
区	區(구분할 구)	薬	藥(약 약)
旧	舊(예 구)	医	醫(의원 의)
国	國(나라 국)	争	爭(다툴 쟁)
気	氣(기운 기)	战 戦	戰(싸움 전)
団	團(둥글 단)		
伝	傳(전할 전)	当	當(마땅 당)
之	定(정할 정)	対	對(대할 대)
卆	卒(마칠 졸)	図	圖(그림 도)
昼	晝(낮 주)	独	獨(홀로 독)
质	質(바탕 질)	読	讀(읽을 독)
参	參(참여할 참)	楽	樂(즐길 락)
鉄	鐵(쇠 철)	来	來(올 래)

体	體(몸 체)	礼	禮(예도 례)
学	學(배울 학)	労	勞(일할 로)
号	號(이름 호)	万	萬(일만 만)
画	畫(그림 화)	売	賣(팔 매)
会	會(모일 회)	発	發(필 발)

(사) 한국어문회 주관

한자능력 검정시험

예상문제 4급

1회 ~ 15회

정답과 해설은 161 ~ 183쪽에 있습니다.

01회 한자능력검정시험 4급 예상문제

(사) 한국어문회 주관	
합격문항	70문항
시험시간	50분
정 답	161쪽

01 다음 밑줄 친 漢字語의 讀音을 쓰시오. 01~30번

01 중간에 <u>燃料</u>를 보충하였다. [ ]

02 방 안을 말끔히 <u>掃除</u>하였다. [ ]

03 한 <u>階級</u> 승진한 삼촌에게 축하엽서를 보냈다. [ ]

04 병사들은 매복할 진지를 <u>構築</u>하였다. [ ]

05 간수는 성격이 <u>暴惡</u>하고 표독스러웠다. [ ]

06 임자가 없는 물건은 <u>官府</u>의 소유로 넘겼다. [ ]

07 지난달의 <u>缺損</u>을 메우려면 이번 달은 절약해야 한다. [ ]

08 "그렇게 놀면서 <u>試驗</u>에 합격하겠니?" [ ]

09 부모와 같은 항렬 이상에 속하는 친족을 '<u>尊屬</u>'이라고 한다. [ ]

10 횃불을 들고 길을 <u>引導</u>하였다. [ ]

11 몸무게를 갑자기 줄이면 <u>健康</u>에 이상이 생긴다. [ ]

12 바다 속으로 들어가니 <u>珍奇</u>한 풍경이 펼쳐졌다. [ ]

13 사람은 귀하고 천한 <u>差等</u>이 있을 수 없다. [ ]

14 어렵고 <u>險難</u>한 고비를 헤쳐 넘겨야 목표를 이룰 수 있다. [ ]

15 백화점 1층에는 주로 <u>雜貨</u>매장이 들어서 있다. [ ]

16 <u>副件</u>의 소반 하나가 없는 가난한 살림살이. [ ]

17 행사에는 사회 각계각층의 사람들이 <u>招請</u>되었다. [ ]

18 사당에서는 역대 <u>巨儒</u>의 위패를 모시고 있었다. [ ]

19 방 치장은 황금빛과 <u>朱紅</u>을 위주로 하였다. [ ]

20 열성을 다하여 손님을 <u>迎接</u>하였다. [ ]

21 그의 돌출 행동은 좀처럼 <u>納得</u>하기 어려웠다. [ ]

22 우리 민족의 고유 사상에 대해 <u>探究</u>하였다. [ ]

23 백성과 병사들은 오랜 <u>戰亂</u>으로 지쳐있었다. [ ]

24 우리나라는 1978년에 '자연보호<u>憲章</u>'을 선포하였다. [ ]

25 비행기는 밤이 늦어서야 <u>空港</u>에 도착했다. [ ]

26 그는 국민을 **彈壓**하는 독재자였다. ………………………… [ ]

27 서원에서는 선비들이 모여서 학문을 **講論**하였다. ……………… [ ]

28 그는 관리의 부패를 **痛歎**하고 벼슬을 사직하였다. ……………… [ ]

29 광장을 가득 메운 **群衆**들은 숨소리마저 멎은 듯했다. ……………… [ ]

30 문화**遺産**에는 우리 겨레의 삶의 예지와 숨결이 깃들어 있다. …· [ ]

02 다음 漢字의 訓과 音을 쓰시오. 31~46번

31 祭 [ ] 32 座 [ ]

33 態 [ ] 34 採 [ ]

35 禁 [ ] 36 史 [ ]

37 創 [ ] 38 施 [ ]

39 整 [ ] 40 惠 [ ]

41 牧 [ ] 42 略 [ ]

43 獎 [ ] 44 勤 [ ]

45 組 [ ] 46 委 [ ]

03 다음 漢字語를 漢字로 쓰시오. 47~56번

47 **충전**(축전기 따위에 전기를 축적함) ………………………… [ ]

48 **착석**(자리에 앉음) ….. [ ]

49 **훈련**(가르쳐서 익힘) … [ ]

50 **냉온**(차거나 따뜻한 기온) ………………………… [ ]

51 **재물**(돈이나 온갖 값나가는 물건) ………………………… [ ]

52 **기금**(목적을 위해 준비하여 두는 자금) ………………………… [ ]

53 **의사**(생각이나 마음) … [ ]

54 **전개**(눈앞에 넓게 펼쳐짐) ………………………… [ ]

55 **여로**(나그네 길) ……… [ ]

56 **경기**(경제 활동 상황) ‥ [ ]

04 다음 밑줄 친 漢字語를 漢字로 쓰시오. 57~61번

57 이 작품에는 작가의 고통이 **절실**하게 담겨 있습니다. ……………… [ ]

58 그는 고문을 당할 때마다 굳은 **신념**을 보였다. ………………………… [ ]

59 모든 일에 유익하게 **이용**되리라고 믿었습니다. ………………………… [ ]

60 청소에 필요한 **도구**를 마련하였습니다. ………………………… [ ]

61 그는 끊임없는 자기**반성**과 겸손한 태도를 지녔다. ……………… [ ]

05 다음 訓과 音을 지닌 漢字를 쓰시오. 62~66번

| 보기 |

나라 국 – 말씀 어 [國語]

62 가벼울 경 – 무거울 중 [ ]

63 인할 인 – 실과 과 [ ]

64 견줄 비 – 법식 례 [ ]

65 옳을 가 – 결단할 결 [ ]

66 손 객 – 볼 관 [ ]

06 다음 각 글자와 뜻이 대립되는 漢字를 [ ]에 적어 漢字語를 만드시오. 67~71번

67 收 ↔ [ ] 68 [ ] ↔ 減
69 當 ↔ [ ] 70 [ ] ↔ 陰
71 刑 ↔ [ ]

07 다음 각 글자와 뜻이 비슷한 漢字를 [ ]에 적어 漢字語를 만드시오. 72~76번

72 選 – [ ] 73 [ ] – 均
74 增 – [ ] 75 [ ] – 潔
76 崇 – [ ]

08 다음 [ ]에 알맞은 漢字를 써넣어 四字成語를 완성하시오. 77~81번

77 [ ]天[ ]人 : 하늘을 공경하고 인간을 사랑함.
78 風[ ]燈[ ] : 사물이 매우 위태로운 처지에 놓여 있음.
79 孤[ ][ ]援 : 홀로 떨어져 있어 구원을 받을 데가 없음.
80 緣[ ]求[ ] : 도저히 불가능한 일을 굳이 하려 함.
81 [ ][ ]報恩 : 죽은 뒤에라도 은혜를 잊지 않고 갚음.

09 다음 單語의 同音異義語를 漢字로 쓰되, 제시된 뜻에 맞추시오. 82~86번

82 (離城) – [ ] : 사물의 이치를 논리적으로 생각하고 판단하는 마음의 작용.
83 (指標) – [ ] : 지구의 표면.
84 (病死) – [ ] : 군인이나 군대.
85 (救護) – [ ] : 요구나 주장 따위를 짤막한 형식으로 표현하는 문구.
86 (厚謝) – [ ] : 뒷일.

10 다음 漢字語의 뜻을 쓰시오. 87~89번

87 改良 : [ ]
88 海底 : [ ]
89 目擊 : [ ]

11 다음 漢字의 部首를 쓰시오. 90~92번

90 爲 – [ ] 91 慶 – [ ]
92 盛 – [ ]

12 다음 漢字를 널리 쓰이는 略字로 고쳐 쓰시오. 93~95번

93 團 – [ ] 94 晝 – [ ]
95 讀 – [ ]

13 다음 漢字를 正字로 고쳐 쓰시오. 96~97번

96 卆 – [ ] 97 旧 – [ ]

14 다음 漢字語 중 첫 音節이 길게 發音되는 單語 3개를 골라 그 번호를 쓰시오. 98~100번

| 보기 |

① 係員 ② 情感 ③ 優勝 ④ 辨明
⑤ 申告 ⑥ 密談 ⑦ 豫測 ⑧ 常時

98 [ ] 99 [ ]
100 [ ]

02회 한자능력검정시험 4급 예상문제

(사) 한국어문회 주관	
합격문항	70문항
시험시간	50분
정 답	162쪽

01 다음 밑줄 친 漢字語의 讀音을 쓰시오.

01~30번

01 확실한 <u>證據</u>가 발견됐다.
.... [ ]

02 친구에게 마음속의 <u>祕密</u>을 털어놓았다.
.... [ ]

03 국민은 <u>納稅</u>의 의무가 있다.
.... [ ]

04 본회의에서 안건을 <u>票決</u>에 붙였다.
.... [ ]

05 고구려 역사의 유적을 <u>探査</u>했다.
.... [ ]

06 산모는 <u>陣痛</u> 끝에 아기를 낳았다.
.... [ ]

07 여인의 <u>姿態</u>가 아름답다.
.... [ ]

08 <u>獨島</u>는 우리나라 동쪽 끝에 있다.
.... [ ]

09 하늘을 바라다보며 크게 <u>歎息</u>하였다.
.... [ ]

10 사건 해결을 위한 <u>衆論</u>이 모아졌다.
.... [ ]

11 기세가 꺾인 적들은 <u>降伏</u>하고 말았다.
.... [ ]

12 답변하기 <u>困難</u>한 질문을 받았다.
.... [ ]

13 장군의 <u>指揮</u>에 따라 군사가 움직였다.
.... [ ]

14 경제적 <u>援助</u>를 요청했다.
.... [ ]

15 세계정세가 <u>激變</u>하고 있다.
.... [ ]

16 그는 피난길에서도 <u>周圍</u>의 병자를 도왔다.
.... [ ]

17 어떻게든 이 <u>危機</u>를 넘겨야 한다.
.... [ ]

18 하늘을 <u>崇拜</u>하고 인간을 사랑한다.
.... [ ]

19 그 벽은 쇠처럼 <u>堅固</u>하였다.
.... [ ]

20 갈수록 <u>環境</u>오염이 심해진다.
.... [ ]

21 기상 상태를 <u>豫測</u>하여 알려주었다.
.... [ ]

22 쓰레기를 <u>壓縮</u>하여 부피를 줄였다.
.... [ ]

23 사회가 점점 <u>混亂</u>에 빠졌다.
.... [ ]

24 그는 천하장사라는 <u>稱號</u>를 얻었다.
.... [ ]

25 후보자들이 遊說를 시작했다.
.... [ ]

26 친구를 慰勞해 주었다.
.... [ ]

27 매화가 활짝 피어 暗香이 가득하다.
.... [ ]

28 서울로 博覽을 시키러 보냈다.
.... [ ]

29 성실하고 勤勉하라고 당부하셨다.
.... [ ]

30 가까운 친족 같은 血緣의 정을 느끼다.
.... [ ]

02 다음 漢字의 訓과 音을 쓰시오. 31~55번

31 鏡 [ ] 32 演 [ ]
33 筋 [ ] 34 樣 [ ]
35 糧 [ ] 36 疲 [ ]
37 隊 [ ] 38 儒 [ ]
39 妨 [ ] 40 傑 [ ]
41 肅 [ ] 42 迎 [ ]
43 構 [ ] 44 威 [ ]
45 抗 [ ] 46 除 [ ]
47 廳 [ ] 48 罰 [ ]
49 爆 [ ] 50 轉 [ ]
51 憤 [ ] 52 暇 [ ]
53 逃 [ ] 54 鉛 [ ]
55 粉 [ ]

03 다음 밑줄 친 단어를 漢字로 쓰시오. 56~71번

56 자유는 책임에 정비례한다.
.... [ ]

57 공소시효가 끝난 사건을 재검토하였다.
.... [ ]

58 오늘 부른 합창은 화음이 잘 맞았습니다.
.... [ ]

59 지금까지의 이야기를 요약해 보았습니다.
.... [ ]

60 그들이 돌아온다는 풍문이 나돌았다.
.... [ ]

61 그의 성격은 낙천적이다.
.... [ ]

62 그는 경제 불황을 타개할 대안을 제시하였다.
.... [ ]

63 비행기는 고도를 낮추어 비행하였다.
.... [ ]

64 우리 집을 짓기 위한 기초 공사에 착수했다.
.... [ ]

65 그의 기량에 경쟁할 만한 선수가 없었다.
.... [ ]

66 그는 뛰어난 화술로 위기를 모면하였다.
.... [ ]

67 방송국으로 퀴즈 정답 엽서를 보냈다.
.... [ ]

68 오늘 경기가 결선 진출의 최대 승부처이다.
.... [ ]

69 그는 세 살 때 글을 읽어 신동이라고 불렸다. .... [ ]

70 잘못을 반성할 줄 모른다고 호되게 책망하였다. .... [ ]

71 비밀을 지키라고 철석같이 당부하였습니다. .... [ ]

04 다음 四字成語가 完成되도록 ( ) 속의 말을 漢字로 쓰시오. 72~76번

72 弱肉(강식) – [ ]

73 知行(합일) – [ ]

74 (반신)半疑 – [ ]

75 (대동)小異 – [ ]

76 餘不(비례) – [ ]

05 다음 漢字와 뜻이 반대 또는 상대되는 漢字를 [ ]에 넣어 漢字語를 만드시오. 77~81번

77 師 ↔ [ ] 78 [ ] ↔ 靜

79 豊 ↔ [ ] 80 [ ] ↔ 逆

81 自 ↔ [ ]

06 다음 각 글자와 뜻이 같거나 비슷한 漢字를 [ ]에 넣어 漢字語를 만드시오. 82~86번

82 遺 – [ ] 83 [ ] – 就

84 報 – [ ] 85 [ ] – 留

86 擔 – [ ]

07 다음은 同音異義語가 들어 있는 문장이다. 밑줄 친 單語를 漢字로 쓰시오. 87~88번

좀더 논리적으로 사고[87]하였다면 이번 사고[88]는 막을 수 있었을 것이다.

87 [ ] 88 [ ]

08 다음 漢字의 部首를 쓰시오. 89~91번

89 鳴 – [ ] 90 乳 – [ ]

91 象 – [ ]

09 다음 漢字를 널리 通用되는 略字로 고치시오. 92~94번

92 舊 – [ ] 93 萬 – [ ]

94 樂 – [ ]

10 다음 漢字語의 뜻을 쓰시오. 95~97번

95 叔父 : [ ]

96 相殺 : [ ]

97 加減 : [ ]

11 다음 漢字語 중 첫 音節이 길게 發音되는 것을 3개 골라 그 번호를 쓰시오. 98~100번

| 보기 |

① 階級	② 壯觀	③ 容器	④ 取消
⑤ 規制	⑥ 賞品	⑦ 散在	⑧ 齒列

98 [ ] 99 [ ]

100 [ ]

03회 한자능력검정시험 4급 예상문제

(사) 한국어문회 주관	
합격문항	70문항
시험시간	50분
정 답	164쪽

01 다음 밑줄 친 漢字語의 讀音을 쓰시오.

01~30번

01 동해에서는 <u>暖流</u>와 한류가 교차한다.

.... [ ]

02 사회자는 식순을 <u>列擧</u>하였다.

.... [ ]

03 적군은 기습적으로 <u>攻擊</u>하였다.

.... [ ]

04 우리 할아버지는 <u>年歲</u>가 많으시다.

.... [ ]

05 아무 <u>念慮</u> 마세요.

.... [ ]

06 눈길에서 <u>過速</u> 운행은 위험하다.

.... [ ]

07 영의정의 <u>女息</u>을 세자빈으로 정하였다.

.... [ ]

08 그의 글자체는 아름답고 <u>洗練</u>되었다.

.... [ ]

09 각고의 <u>努力</u>을 기울였다.

.... [ ]

10 무분별한 <u>伐木</u>으로 산림이 훼손되었다.

.... [ ]

11 두 <u>樂師</u>는 거리에서 대금을 불고 있었다.

.... [ ]

12 그는 정신적인 <u>快樂</u>을 추구하였다.

.... [ ]

13 뜻하지 못했던 <u>朗報</u>에 모두 기뻐했다.

.... [ ]

14 아무런 <u>效驗</u>이 없었다.

.... [ ]

15 바삭바삭 <u>落葉</u> 밟는 소리가 듣기 좋다.

.... [ ]

16 사람들은 재미삼아 <u>鬪犬</u>들을 맞붙였다.

.... [ ]

17 그 길은 사람들의 <u>來往</u>도 드물었다.

.... [ ]

18 보급품을 <u>受領</u>하였다.

.... [ ]

19 날이 더우면 <u>冷房</u> 기계가 잘 팔린다.

.... [ ]

20 마을사람들이 회관에 모여 <u>議論</u>하였다.

.... [ ]

21 이것은 복용을 잘못하면 <u>劇藥</u>이 될 수 있다.

.... [ ]

22 전쟁이 <u>小康</u>상태에 들어갔다.

.... [ ]

23 이번 일은 <u>兩方</u> 모두에게 잘못이 있다.

.... [ ]

24 관군을 이끌고 전주성을 <u>收復</u>하였다.

.... [ ]

25 오랜 <u>旅路</u>에 지친 그는 곯아떨어졌다.

.... [ ]

26 그는 당당한 태도로 演說을 하였다. …………………… [ ]

27 그는 회장을 歷任하였다. …………………… [ ]

28 회원들끼리 작품을 輪讀하였다. …………………… [ ]

29 공자는 여러 나라를 周遊하였다. …………………… [ ]

30 결과에 깨끗하게 承服하였다. …………………… [ ]

02 다음 漢字의 訓과 音을 쓰시오. 31~55번

31 底 [ ] 32 障 [ ]

33 卓 [ ] 34 烈 [ ]

35 擇 [ ] 36 居 [ ]

37 討 [ ] 38 低 [ ]

39 誠 [ ] 40 飛 [ ]

41 繼 [ ] 42 堅 [ ]

43 散 [ ] 44 難 [ ]

45 泉 [ ] 46 籍 [ ]

47 比 [ ] 48 慶 [ ]

49 施 [ ] 50 卵 [ ]

51 耳 [ ] 52 普 [ ]

53 濟 [ ] 54 墓 [ ]

55 處 [ ]

03 다음 漢字語 중 첫 音節이 길게 發音되는 것을 3개 골라 그 번호를 쓰시오. 56~58번

| 보기 |

① 眼目 ② 連書 ③ 詩人 ④ 步道
⑤ 郵便 ⑥ 證據 ⑦ 週末 ⑧ 讚頌

56 [ ] 57 [ ]

58 [ ]

04 다음 漢字를 널리 쓰이는 略字로 고쳐 쓰시오. 59~61번

59 體 – [ ] 60 傳 – [ ]

61 發 – [ ]

05 다음 略字를 正字로 바꾸어 쓰시오. 62~64번

62 昼 – [ ] 63 变 – [ ]

64 団 – [ ]

06 다음 訓과 音을 지닌 漢字를 쓰시오. 65~69번

| 보기 |

나라 국 – 말씀 어 [國語]

65 다툴 경 – 다툴 쟁 [ ]

66 열매 실 – 바탕 질 [ ]

67 노래 가 – 부를 창 [ ]

68 붙을 착 – 뭍 륙 [ ]

69 원할 원 – 바랄 망 [ ]

07 다음 각 글자와 뜻이 같거나 비슷한 漢字를 [ ]에 넣어 漢字語를 만드시오. 70~74번

70 趣 – [ ] 71 [ ] – 範
72 崇 – [ ] 73 [ ] – 緣
74 申 – [ ]

08 다음 각 글자와 뜻이 대립되는 漢字를 [ ] 속에 적어 單語를 完成하시오. 75~79번

75 將 ↔ [ ] 76 [ ] ↔ 危
77 向 ↔ [ ] 78 [ ] ↔ 鄕
79 興 ↔ [ ]

09 다음 漢字의 部首를 쓰시오. 80~82번

80 段 – [ ] 81 祭 – [ ]
82 究 – [ ]

10 다음 四字成語가 완성되도록 ( )속의 말을 漢字로 바꾸어 쓰시오. 83~87번

83 明鏡(지수) – [ ]
84 閑話(휴제) – [ ]
85 十指(부동) – [ ]
86 殺身(성인) – [ ]
87 (회자)定離 – [ ]

11 다음 單語의 同音異義語를 漢字로 쓰되, 제시된 뜻을 유념하시오. 88~92번

88 (優秀) – [ ] : 빗물.
89 (假構) – [ ] : 집안 식구.
90 (造花) – [ ] : 서로 잘 어울림.
91 (校監) – [ ] : 서로 접촉되어 마음에 느낌.
92 (戰警) – [ ] : 한눈에 바라보이는 전체의 경치.

12 다음 밑줄 친 單語를 漢字로 바꾸어 쓰시오. 93~97번

93 그는 국제 연맹의 <u>초대</u> 의장을 지냈다.
.... [ ]

94 한자를 음운별로 <u>분류</u>하여 뜻을 정리하였다.
.... [ ]

95 과반수가 그 <u>안건</u>에 찬성하였다.
.... [ ]

96 아버지의 생신날에 많은 <u>친지</u>들이 찾아왔다.
.... [ ]

97 이장은 마을 일에 <u>노고</u>를 아끼지 않았다.
.... [ ]

13 다음 문장의 밑줄(____) 부분에 들어갈 알맞은 말을 쓰시오. 98~100번

> '暴'자는 '사나울 폭'과 '모질 (____)[98]'(으)로 읽히는 글자이고, '易'자는 '(____)[99]역'과 '쉬울 (____)[100]' 로 읽히는 글자이다.

98 [ ] 99 [ ]
100 [ ]

04회 한자능력검정시험 4급 예상문제

(사) 한국어문회 주관	
합격문항	70문항
시험시간	50분
정 답	165쪽

01 다음 漢字語의 讀音을 쓰시오. 01~30번

01 듣고 보니 충분히 理解가 가는 말이었다. ………………………… [ ]

02 에너지 效率을 높여주는 소재를 선택하였다. ………………………… [ ]

03 악습을 打破하고 남녀평등 운동을 벌였다. ………………………… [ ]

04 집단생활을 하는 무리 안에는 序列이 있기 마련이다. ………………… [ ]

05 다수결의 原則을 적용하였다. ………………………… [ ]

06 한국전쟁의 역사적 背景과 의미를 검토하였다. ………………………… [ ]

07 총리를 禮訪하고 에너지·자원 협력을 논의하였다. ………………………… [ ]

08 금품을 받은 것이 포착돼 檢察 조사를 받았다. ………………………… [ ]

09 적의 침입에 대한 防衛 태세를 잘 갖추어야 한다. ………………………… [ ]

10 작은창자에서 쓸개즙과 이자액, 腸液 등의 소화액을 내보내 음식을 소화시킨다. ………………………… [ ]

11 깔끔한 계절 특선 料理가 일품이었다. ………………………… [ ]

12 "貴宅에 누대의 영광을 누리게 될 것입니다." ………………………… [ ]

13 등산을 할 때에는 豫備 식량을 휴대하여야 한다. ………………………… [ ]

14 여객기를 안전하게 비상 着陸시켰다. ………………………… [ ]

15 교역의 결제는 銀貨가 주로 사용되었다. ………………………… [ ]

16 대중의 요구와 希望 사항을 반영하기로 하였다. ………………………… [ ]

17 의결정족수인 在籍 인원 3분의 2가 참석하였다. ………………………… [ ]

18 신병들은 여러 가지 교육과 訓練을 받았다. ………………………… [ ]

19 화폐는 여러 사람의 손을 거쳐 널리 流通되기 때문에 선전효과를 쉽게 얻을 수 있다. ………………………… [ ]

20 모든 상품에 例外 없이 관세를 적용하였다. ………………………… [ ]

21 연방 대통령 내외가 국빈 자격으로 訪韓하였다. ………………………… [ ]

22 군중 틈에서 왕족의 아리따운 令愛를 발견하였다. ………………… [ ]

23 갑작스런 사고로 순회공연을 모두 取消하였다. ………………………… [ ]

24 인간의 勞動 형태를 화면에 담아 그 가치를 설명하였다. ……………… [ ]

25 적을 유인하기 위해 일부러 싸움에 敗北하고 달아나기만 했다. ·· [ ]

26 그가 입고 있는 오렌지빛 옷은 綠色 배경과 대조를 이루었다. …… [ ]

27 보리지의 잎과 꽃을 차로 마시면 유행성 毒感에 효능이 있다고 한다. ·· [ ]

28 기상재해에 대비하여 사전에 대책을 <u>講究</u>하였다. ······················ [ ]

29 강강술래 춤을 추며 생명력의 <u>充滿</u>을 기원하였다. ······················ [ ]

30 기계의 위험성에 대한 <u>認識</u>이 부족했다. ································ [ ]

02 다음 單語를 漢字로 쓰시오. 31~45번

31 **최고**(가장 오래됨) ····· [ ]

32 **어선**(고기잡이 배) ····· [ ]

33 **방출**(내놓음) ············· [ ]

34 **천행**(하늘이 준 큰 행운) ································ [ ]

35 **회식**(모여 함께 음식을 먹음) ································ [ ]

36 **시급**(시간적으로 매우 급함) ································ [ ]

37 **일과**(날마다 일정하게 하는 일) ································ [ ]

38 **실효**(효력을 잃음) ····· [ ]

39 **광고**(세상에 널리 알림) ································ [ ]

40 **객석**(구경하는 사람들이 앉는 자리) ································ [ ]

41 **운집**(사람이 구름처럼 많이 모여듦) ································ [ ]

42 **역사**(과거의 사실을 기록한 글) ································ [ ]

43 **수술**(자르거나 째거나 하여 병을 고치는 일) ································ [ ]

44 **작별**(인사를 나누고 헤어짐) ································ [ ]

45 **지리**(어떤 곳의 지형이나 길 따위의 형편) ································ [ ]

03 다음 밑줄 친 단어를 漢字로 쓰시오. 46~50번

46 독후감을 쓰면 읽은 책의 내용과 <u>감동</u>을 오랫동안 간직할 수 있다. ································ [ ]

47 이 지역에는 <u>재목</u>과 특산물이 풍부합니다. ································ [ ]

48 사람이 갖추어야 할 네 가지 중요한 조건을 <u>신 · 언</u> · 書 · 判이라고 합니다. ································ [ ]

49 선생님께서는 오늘 <u>숙직</u>을 하십니다. ································ [ ]

50 잘못된 제도를 <u>개선</u>할 것을 요구하였습니다. ································ [ ]

04 다음 漢字의 訓과 音을 쓰시오. 51~66번

51 島 [ ]	**52** 暗 [ ]
53 納 [ ]	**54** 傾 [ ]
55 點 [ ]	**56** 斗 [ ]
57 奇 [ ]	**58** 際 [ ]
59 象 [ ]	**60** 個 [ ]
61 周 [ ]	**62** 炭 [ ]
63 錄 [ ]	**64** 器 [ ]
65 投 [ ]	**66** 密 [ ]

05 다음 訓과 音을 지닌 漢字를 쓰시오. 67~71번

| 보기 |

나라 국 – 말씀 어 [國語]

67 굳을 고 – 정할 정 [ ]

68 바탕 질 – 성 박 [ ]

69 마칠 종 – 맺을 결 [ ]

70 흉할 흉 – 악할 악 [ ]

71 곱 배 – 더할 가 [ ]

06 다음 漢字와 뜻이 반대 또는 상대되는 漢字를 [ ]에 넣어 漢字語를 만드시오. 72~76번

72 輕 ↔ [ ] 73 [ ] ↔ 武

74 陰 ↔ [ ] 75 [ ] ↔ 罰

76 殺 ↔ [ ]

07 다음 漢字와 서로 뜻이 비슷한 漢字를 쓰시오. 77~81번

77 [ ] – 蓄 78 修 – [ ]

79 [ ] – 律 80 妨 – [ ]

81 [ ] – 與

08 다음 漢字語 중 첫 음절이 길게 발음되는 것을 3개 골라 그 번호를 쓰시오. 82~84번

| 보기 |

① 進步 ② 資源 ③ 眞品 ④ 移住
⑤ 窮達 ⑥ 研磨 ⑦ 惠澤 ⑧ 容許

82 [ ] 83 [ ]

84 [ ]

09 다음 [ ]에 알맞은 漢字를 써넣어 四字成語를 완성하시오. 85~89번

85 [ ][ ]帶水 : 겨우 냇물 하나를 사이에 둔 가까운 이웃.

86 教學 [ ][ ] : 가르치거나 배우며 서로 진보시켜 줌.

87 一刻 [ ][ ] : 아무리 짧은 시간이라도 천금과 같이 귀중함.

88 安貧 [ ][ ] : 가난한 생활을 하면서도 편안한 마음으로 도를 즐겨 지킴.

89 富國 [ ][ ] : 나라를 부유하게 만들고 군대를 강하게 함.

10 다음은 同音異議語가 들어있는 문장이다. 밑줄 친 單語를 漢字로 쓰시오. 90~91번

어린아이들은 <u>동화</u>90 속의 내용에 감정이 <u>동화</u>91 되기도 한다.

90 [ ] 91 [ ]

11 다음 漢字의 部首를 쓰시오. 92~94번

92 犬 – [ ] 93 街 – [ ]

94 居 – [ ]

12 다음 漢字의 略字를 쓰시오. 95~97번

95 號 – [ ] 96 勞 – [ ]

97 數 – [ ]

13 다음 漢字語의 뜻을 쓰시오. 98~100번

98 所任 : [ ]

99 怨聲 : [ ]

100 賣盡 : [ ]

05회 한자능력검정시험 4급 예상문제

(사) 한국어문회 주관	
합격문항	70문항
시험시간	50분
정 답	167쪽

01 다음 漢字語의 讀音을 쓰시오. 01~30번

01 문화는 국가경쟁력과 산업의 源泉이다. ………………………………… [ ]

02 선생님이 주신 음료는 粉乳 맛이 나면서 부드럽고 달콤하였다. …… [ ]

03 초과하여 지출하지 않도록 殘額을 확인하였다. ………………………… [ ]

04 젖니가 난 상태에서는 蟲齒가 생기지 않도록 이를 더 꼼꼼히 닦아야 한다. ………………………………… [ ]

05 후인이 碑石을 세워서 그 사실을 기록하였다. ………………………………… [ ]

06 지역 간 갈등은 極端으로 치달았다. ………………………………… [ ]

07 악취를 除去하기 위해 향을 피웠다. ………………………………… [ ]

08 삼림보호구역 내에서 무분별한 採鑛을 금지하였다. ………………… [ ]

09 약을 구하여 지극한 정성으로 看護했다. ………………………………… [ ]

10 여러 나라 姉妹 대학과 협약을 체결하였다. ………………………………… [ ]

11 공원에는 여러 운동 기구가 備置되어 있다. ………………………………… [ ]

12 지나친 광고 宣傳은 자원 낭비라는 지적이 있다. ………………………… [ ]

13 청백한 기풍으로 顯達한 지위에 올랐다. ………………………………… [ ]

14 건물에 남아 있는 문양을 模寫하여 보존하였다. ………………………… [ ]

15 그는 사건의 共犯이라는 누명을 쓰고 검거되었다. ……………………… [ ]

16 불평등한 待遇를 개선하려고 노력하였다. ………………………………… [ ]

17 전시 개막에 앞서 祝辭를 하였다. ………………………………… [ ]

18 남자는 바깥채에서, 여자는 안채에서 起居하였다. ……………………… [ ]

19 형형색색의 驚異로운 광경들을 기행문에 담았다. ……………………… [ ]

20 두 지역 간에 複線 전철이 개통되었다. ………………………………… [ ]

21 골목을 가득 메운 중고 冊房들이 즐비하다. ………………………………… [ ]

22 주의해야 할 문제 풀이의 요점을 整理하였다. ………………………………… [ ]

23 가파르긴 하지만 階段을 밟고 한 칸 한 칸 올랐다. ……………………… [ ]

24 자신에 대한 誤報 기사를 읽고 충격을 받았다. ………………………………… [ ]

25 직공으로 일하면서 웬만큼 貯蓄도 하였다. ………………………………… [ ]

26 그의 요리 솜씨는 藝術이라 말할 만하였다. ………………………………… [ ]

27 산 정상에는 오래된 赤松으로 싸여있다. ………………………… [ ]

28 값싼 원료 확보가 容易하다. ………………………… [ ]

29 만약의 사고에 대비하여 保險에 가입하였다. ………………………… [ ]

30 옛날의 골목길이 지금은 번화한 商街로 변했다. ………………………… [ ]

02 다음 單語를 漢字로 쓰시오. 31~45번

31 **용구**(무엇을 하거나 만드는 데 쓰는 도구) ………………………… [ ]

32 **성격**(각 개인이 가지고 있는 성질) ………………………… [ ]

33 **연장**(나이가 많음) …… [ ]

34 **염두**(마음, 생각) ……… [ ]

35 **적중**(목표물에 정확히 맞음) ………………………… [ ]

36 **선착**(남보다 먼저 도착함) ………………………… [ ]

37 **공약**(사회 공중에 대한 약속) ………………………… [ ]

38 **대타**(정식 타자를 대신해서 공을 침) ………………………… [ ]

39 **낙도**(외따로 멀리 떨어져 있는 섬) ………………………… [ ]

40 **덕망**(덕행으로 얻은 명망) ………………………… [ ]

41 **전례**(이전부터 있었던 사례) ………………………… [ ]

42 **관광**(풍경과 문물제도를 시찰함) ………………………… [ ]

43 **서두**(어떤 차례의 첫머리) ………………………… [ ]

44 **문책**(잘못을 캐묻고 꾸짖음) ………………………… [ ]

45 **품명**(물품의 이름) …… [ ]

03 다음 밑줄 친 漢字語를 漢字로 쓰시오. 46~50번

46 문학 연구에 매우 귀중한 작품을 발견하였다. ………………………… [ ]

47 끝까지 최선을 다하는 사람이 되겠습니다. ………………………… [ ]

48 필요한 자료를 조사하였습니다. ………………………… [ ]

49 공공 단체의 기금으로 문화회관을 건립하였다. ………………………… [ ]

50 관찰의 동기, 과정, 결과를 분명하게 씁니다. ………………………… [ ]

04 다음 漢字의 訓과 音을 쓰시오. 51~66번

51 勉 [ ]	52 針 [ ]
53 謠 [ ]	54 限 [ ]
55 職 [ ]	56 鳥 [ ]
57 純 [ ]	58 季 [ ]
59 假 [ ]	60 統 [ ]
61 智 [ ]	62 稅 [ ]
63 壁 [ ]	64 驗 [ ]
65 干 [ ]	66 專 [ ]

05 다음 訓과 音을 지닌 漢字를 쓰시오. 67~71번

보기
나라 국 – 말씀 어 [國語]

67 찰 한 – 흐를 류 [ ]

68 맡길 임 – 뜻 의 [ ]

69 알 인 – 알 지 [ ]
70 밝을 명 – 밝을 랑 [ ]
71 고할 고 – 보일 시 [ ]

06 다음 漢字와 뜻이 반대 또는 상대되는 漢字를 [ ]에 넣어 漢字語를 만드시오. 72~76번

72 離 ↔ [ ] 73 [ ] ↔ 使
74 豫 ↔ [ ] 75 [ ] ↔ 從
76 成 ↔ [ ]

07 다음 漢字와 서로 뜻이 비슷한 漢字를 쓰시오. 77~81번

77 鄕 – [ ] 78 完 – [ ]
79 吸 – [ ] 80 養 – [ ]
81 [ ] – 寢

08 다음 漢字語 중 첫 음절이 길게 발음되는 것을 3개 골라 그 번호를 쓰시오. 82~84번

| 보기 |

① 深海	② 領土	③ 致誠	④ 底止
⑤ 京城	⑥ 師表	⑦ 資質	⑧ 比等

82 [ ] 83 [ ]
84 [ ]

09 다음 [ ]에 알맞은 漢字를 써넣어 四字成語를 완성하시오. 85~89번

85 高山 [ ][ ] : 자기 마음속과 가치를 잘 알아주는 참다운 친구.

86 甘言 [ ][ ] : 남의 비위를 맞추거나 이로운 조건을 내세워 꾀는 말.

87 千差 [ ][ ] : 여러 가지 사물이 모두 차이가 있고 구별이 있음.

88 [ ][ ] 憂患 : 학식이 있는 것이 오히려 근심을 사게 됨.

89 [ ][ ] 求是 : 사실에 토대를 두어 진리를 탐구하는 일.

10 다음은 同音異議語가 들어있는 문장이다. 밑줄 친 單語를 漢字로 쓰시오. 90~91번

> 늘어나는 <u>재고</u>[90] 상품을 줄이기 위해 손해를 감수하고 판매하기로 한 것은 <u>재고</u>[91]할 일이다.

90 [ ] 91 [ ]

11 다음 漢字의 部首를 쓰시오. 92~94번

92 普 – [ ] 93 堅 – [ ]
94 壯 – [ ]

12 다음 漢字의 略字를 쓰시오. 95~97번

95 價 – [ ] 96 兒 – [ ]
97 輕 – [ ]

13 다음 漢字語의 뜻을 쓰시오. 98~100번

98 方案 : [ ]
99 獨占 : [ ]
100 擊退 : [ ]

06회 한자능력검정시험 4급 예상문제

(사) 한국어문회 주관	
합격문항	70문항
시험시간	50분
정 답	168쪽

01 다음 밑줄 친 漢字語의 讀音을 쓰시오.

01~30번

01 자신의 잘못을 認定했다. .... [ ]

02 쓸모없는 존재로 轉落되었다. .... [ ]

03 윤리 문제를 철학적으로 考察하였다. .... [ ]

04 연어는 産卵 후 생을 마감한다. .... [ ]

05 폭우가 繼續 쏟아졌다. .... [ ]

06 그는 餘暇를 자기계발에 활용한다. .... [ ]

07 현장 監督은 안전사고 예방을 강조했다. .... [ ]

08 갑작스런 폭설로 교통이 混雜했다. .... [ ]

09 대원들은 밤 10시에 就寢하였다. .... [ ]

10 우수 학생을 선발하여 施賞했다. .... [ ]

11 그들은 범행 후 해외로 逃避했다. .... [ ]

12 반군은 정부군에 投降하였다. .... [ ]

13 적십자는 博愛 정신을 강조한다. .... [ ]

14 수십 대의 비행기가 離陸을 준비하였다. .... [ ]

15 대마도는 鷄林에 소속되어 있었다. .... [ ]

16 그는 次官으로 임명되었다. .... [ ]

17 저작물의 불법 複製를 금한다. .... [ ]

18 자음은 발음기관의 模樣을 본떠서 만들었다. .... [ ]

19 그는 達辯으로 이름이 나 있다. .... [ ]

20 계획을 變更했다. ...... [ ]

21 그는 집안 事情으로 학업을 중단했다. .... [ ]

22 세계 각국은 貿易을 통해 재화를 교환한다. .... [ ]

23 그녀는 毒殺스러운 눈으로 노려보았다. .... [ ]

24 그곳은 산세가 秀麗하였다. .... [ ]

25 그는 나라를 망친 張本인이다. .... [ ]

26 그들은 부모님의 승낙으로 早婚하였다. .... [ ]

27 요즘은 求職하기가 무척 힘들다. .... [ ]

28 오늘은 야외 授業을 하였다. .... [ ]

29 무서워 悲鳴을 질렀다.
.... [ ]

30 아파트 단지에 CCTV를 設置했다.
.... [ ]

02 다음 漢字의 訓과 音을 쓰시오. 31~46번

31 舌 [ ] 32 候 [ ]
33 認 [ ] 34 據 [ ]
35 濟 [ ] 36 點 [ ]
37 敢 [ ] 38 刑 [ ]
39 賊 [ ] 40 穀 [ ]
41 儀 [ ] 42 端 [ ]
43 招 [ ] 44 檀 [ ]
45 提 [ ] 46 私 [ ]

03 다음 單語를 漢字로 쓰시오. 47~60번

47 **소망**(바라는 바) .... [ ]
48 **전기**(위인들에 대한 기록)
.... [ ]
49 **연세**('나이'의 높임말) .. [ ]
50 **문물**(문화에 관한 모든 것)
.... [ ]
51 **합숙**(여러 사람이 한곳에서 묵음)
.... [ ]
52 **당도**(미리 정해 놓은 곳이나 일에 다다름)
.... [ ]
53 **요소**(중요한 장소나 지점)
.... [ ]
54 **병사**(병으로 죽음) ..... [ ]
55 **원칙**(기본적인 규칙이나 법칙)
.... [ ]
56 **신봉**(사상이나 학설 따위를 옳다고 믿고 받듦)
.... [ ]
57 **고전**(모범이 될 만한 가치를 지닌 작품)
.... [ ]
58 **사생**(자연의 경치를 보고 그대로 그림)
.... [ ]
59 **국장**(국가의 권위를 상징하는 휘장)
.... [ ]
60 **직선**(직접선거) .... [ ]

04 다음 밑줄 친 漢字語를 漢字로 쓰시오. 61~66번

61 가난해서 <u>학비</u>를 마련하기 어려웠다.
.... [ ]

62 상품은 상인이 <u>유통</u>시킵니다.
.... [ ]

63 대장군은 장수들을 <u>집결</u>시켰다.
.... [ ]

64 탑의 <u>기단</u>은 꾸밈이 없이 수수한 모습이었다.
.... [ ]

65 혜택을 받은 만큼 그 <u>대가</u>를 해 주어야 합니다. .... [ ]

66 "환절기에는 <u>감기</u>에 걸리지 않도록 주의하세요." .... [ ]

05 다음 訓과 音을 지닌 漢字를 쓰시오. 67~71번

보기
나라 국 - 말씀 어 [國語]

67 말씀 담 – 말씀 설 [ ]

68 바다 해 – 큰바다 양 [ ]

69 강할 강 – 굳셀 건 [ ]

70 공 공 – 허물 죄 [ ]

71 빌 축 – 원할 원 [ ]

06 다음 漢字와 反對 또는 相對되는 漢字를 쓰시오. 72~76번

72 吉 ↔ [ ] 73 [ ] ↔ 負

74 始 ↔ [ ] 75 [ ] ↔ 亂

76 存 ↔ [ ]

07 다음 漢字와 서로 뜻이 비슷한 漢字를 쓰시오. 77~81번

77 [ ] – 貨 78 正 – [ ]

79 [ ] – 異 80 境 – [ ]

81 [ ] – 緣

08 다음 漢字語 중 첫 음절이 길게 발음되는 것을 3개 골라 그 번호를 쓰시오. 82~84번

| 보기 |

① 材料 ② 救命 ③ 引上 ④ 聽取
⑤ 專擔 ⑥ 寶庫 ⑦ 星雲 ⑧ 示威

82 [ ] 83 [ ]

84 [ ]

09 다음 四字成語가 完成되도록 ( ) 속의 말을 漢字로 쓰시오. 85~89번

85 權(불십)年 – [ ]

86 百(가쟁)鳴 – [ ]

87 (목불)識丁 – [ ]

88 百年(하청) – [ ]

89 走(마)看(산) – [ ]

10 다음은 同音異議語가 들어있는 문장이다. 밑줄 친 單語를 漢字로 쓰시오. 90~91번

금년 <u>과실</u>[90]수확량이 적은 것에 대해 자기의 <u>과실</u>[91]을 인정하였다.

90 [ ] 91 [ ]

11 다음 漢字의 部首를 쓰시오. 92~94번

92 喜 – [ ] 93 甘 – [ ]

94 奇 – [ ]

12 다음 漢字의 略字를 쓰시오. 95~97번

95 區 – [ ] 96 圖 – [ ]

97 鐵 – [ ]

13 다음 漢字語의 뜻을 쓰시오. 98~100번

98 延期 : [ ]

99 干滿 : [ ]

100 好評 : [ ]

07회 한자능력검정시험 4급 예상문제

(사) 한국어문회 주관	
합격문항	70문항
시험시간	50분
정 답	170쪽

01 다음 밑줄 친 漢字語의 讀音을 쓰시오. 01~30번

01 어느 것을 選擇해도 상관없다. [ ]

02 나의 취미는 郵票 수집이다. [ ]

03 홍길동은 兩班의 가문에서 태어났다. [ ]

04 얼마 전 아버지가 過勞로 쓰러지셨다. [ ]

05 舌端으로 맛을 보았다. [ ]

06 선물을 정성스레 包裝했다. [ ]

07 병에 든 液體를 흔들어보았다. [ ]

08 많은 先烈들의 희생이 있었다. [ ]

09 마무리 段階에 다다랐다. [ ]

10 병사들은 임금을 護衛하였다. [ ]

11 그 글은 通俗적인 표현이 많다. [ ]

12 곳곳마다 삼엄한 警戒를 펴고 있다. [ ]

13 모두들 讚頌가를 크게 불렀다. [ ]

14 노화된 細胞는 탄력성이 없다. [ ]

15 치밀어 오르는 激憤을 억눌렀다. [ ]

16 박사를 파견하여 교육을 專擔케 했다. [ ]

17 입상자들에게 상금을 授與했다. [ ]

18 힘차게 우리 팀을 應援했다. [ ]

19 그는 다리가 骨折되었다. [ ]

20 문학 인구의 底邊 확대를 위해 노력하였다. [ ]

21 탐관오리의 橫暴를 조사하였다. [ ]

22 계림은 慶州의 옛 이름이다. [ ]

23 전 학년의 內申성적이 합격 여부를 결정하였다. [ ]

24 교육제도의 改革이 시급하다. [ ]

25 말의 뜻이 深遠하다. [ ]

26 화력으로 적을 制壓하였다. [ ]

27 그들은 독립 활동을 妨害하였다.
…………………………………… [ ]

28 여행지의 珍味를 만끽하였다.
…………………………………… [ ]

29 이부자리를 개고 방을 清掃하였다.
…………………………………… [ ]

30 적들은 장군의 雄姿를 보고 뒷걸음질쳤다.
…………………………………… [ ]

02 다음 漢字語를 漢字로 쓰시오. 31~42번

31 **필사**(베끼어 씀) ……… [ ]

32 **냉정**(매정하고 쌀쌀함, 인정이 없음)
…………………………………… [ ]

33 **위인**(위대한 사람) …… [ ]

34 **참관**(어떤 행사에 참가하여 지켜봄)
…………………………………… [ ]

35 **활로**(궁지에서 벗어나는 수단이나 방법)
…………………………………… [ ]

36 **공석**(빈 좌석. 비어있는 지위)
…………………………………… [ ]

37 **순번**(돌아오는 차례, 또는 그 순서)
…………………………………… [ ]

38 **고가**(비싼 가격) ……… [ ]

39 **명랑**(유쾌하고 활발함)
…………………………………… [ ]

40 **기대**(기약하여 성취를 바람)
…………………………………… [ ]

41 **수도**(한 나라의 중앙 정부가 있는 도시)
…………………………………… [ ]

42 **비용**(물건을 사거나 어떤 일을 하는 데 드는 돈) ………………………… [ ]

03 다음 밑줄 친 漢字語를 漢字로 쓰시오. 43~47번

43 옳고 그름을 가려 그 결과를 주장하였다.
…………………………………… [ ]

44 여러 사람의 의견이 일치되었습니다.
…………………………………… [ ]

45 동물들은 그저 본능에 따라 행동한다.
…………………………………… [ ]

46 옛사람들이 흥을 노래하는 것을 풍류라고 합니다. ………………………… [ ]

47 공공장소에서 큰 소리로 말하는 것은 교양 없는 행동입니다. ……… [ ]

04 다음 漢字의 訓과 音을 쓰시오. 48~63번

48 姉 [ ]	49 券 [ ]
50 鍾 [ ]	51 縮 [ ]
52 層 [ ]	53 徒 [ ]
54 解 [ ]	55 婦 [ ]
56 篇 [ ]	57 煙 [ ]
58 布 [ ]	59 缺 [ ]
60 星 [ ]	61 銃 [ ]
62 灰 [ ]	63 寢 [ ]

05 다음 訓과 音을 지닌 漢字를 쓰시오. 64~68번

| 보기 |

나라 국 – 말씀 어 [國語]

64 착할 선 – 어질 량 [ ]

65 기록할 기 – 기록할 지 [ ]

66 격식 격 – 법 식 [ ]
67 열매 실 – 바탕 질 [ ]
68 무리 류 – 법식 례 [ ]

06 다음 漢字와 反對 또는 相對되는 漢字를 쓰시오. 69~73번

69 [ ] ↔ 危 70 好 ↔ [ ]
71 [ ] ↔ 官 72 往 ↔ [ ]
73 [ ] ↔ 疑

07 다음 漢字와 서로 뜻이 비슷한 漢字를 쓰시오. 74~78번

74 [ ] – 象 75 聽 – [ ]
76 [ ] – 滿 77 眼 – [ ]
78 [ ] – 戶

08 다음 漢字語 중 첫 音節이 길게 發音되는 것을 3개 골라 그 번호를 쓰시오. 79~81번

| 보기 |

① 節約 ② 乳兒 ③ 講座 ④ 依支
⑤ 採集 ⑥ 營利 ⑦ 宣傳 ⑧ 願書

79 [ ] 80 [ ]
81 [ ]

09 다음 四字成語가 完成되도록 ( )속의 말을 漢字로 쓰시오. 82~86번

82 (종두)得豆 – [ ]
83 (전광)石火 – [ ]
84 (사)君(이)忠 – [ ]
85 (화)容(월)態 – [ ]
86 奇想(천외) – [ ]

10 다음 單語의 同音異義語를 漢字로 쓰되, 제시된 뜻을 유념하시오. 87~91번

87 (衆智) – [ ] : 하던 일을 중도에 그만둠.
88 (延長) – [ ] : 서로 비교하여 나이가 많음.
89 (指導) – [ ] : 지구 표면을 일정하게 줄여 나타낸 그림.
90 (相呼) – [ ] : 상점이나 회사의 이름.
91 (遺志) – [ ] : 기름을 먹인 종이.

11 다음 漢字의 部首를 쓰시오. 92~94번

92 黨 – [ ] 93 舍 – [ ]
94 慮 – [ ]

12 다음 漢字의 略字를 쓰시오. 95~97번

95 學 – [ ] 96 變 – [ ]
97 廣 – [ ]

13 다음 漢字語의 뜻을 쓰시오. 98~100번

98 產卵 : [ ]
99 甘受 : [ ]
100 復古 : [ ]

08회 한자능력검정시험 4급 예상문제

(사) 한국어문회 주관	
합격문항	70문항
시험시간	50분
정 답	171쪽

01 다음 漢字語의 讀音을 쓰시오. 01~30번

01 感激 [ ] 02 標識 [ ]

03 盜賊 [ ] 04 條件 [ ]

05 投資 [ ] 06 烈女 [ ]

07 牧場 [ ] 08 解除 [ ]

09 熱帶 [ ] 10 痛快 [ ]

11 輪番 [ ] 12 洗手 [ ]

13 群落 [ ] 14 徒步 [ ]

15 黨籍 [ ] 16 織物 [ ]

17 消燈 [ ] 18 鑛脈 [ ]

19 歡喜 [ ] 20 着想 [ ]

21 規模 [ ] 22 復興 [ ]

23 歌謠 [ ] 24 講堂 [ ]

25 印象 [ ] 26 留念 [ ]

27 短縮 [ ] 28 發揮 [ ]

29 特派 [ ] 30 簡潔 [ ]

02 다음 漢字의 訓과 音을 쓰시오. 31~46번

31 督 [ ] 32 希 [ ]

33 票 [ ] 34 港 [ ]

35 移 [ ] 36 戶 [ ]

37 持 [ ] 38 承 [ ]

39 笑 [ ] 40 係 [ ]

41 推 [ ] 42 浴 [ ]

43 舞 [ ] 44 胞 [ ]

45 讚 [ ] 46 際 [ ]

03 다음 漢字語를 漢字로 쓰시오. 47~56번

47 **단결**(한마음 한뜻으로 한데 뭉침)
.... [ ]

48 **사정**(일의 형편)
.... [ ]

49 **조화**(서로 잘 어울림)
.... [ ]

50 **우애**(형제, 친구간의 정과 사랑)
.... [ ]

51 **거수**(손을 들다)
.... [ ]

52 **가옥**(사람이 사는 집)
.... [ ]

53 양어(물고기를 길러 번식시킴) .... [ ]

54 특기(특별한 기능이나 기술) .... [ ]

55 가중(더 무겁게 함) .... [ ]

56 경시(대수롭지 않게 여김) .... [ ]

04 다음 밑줄 친 漢字語를 漢字로 쓰시오. 57~61번

57 풍부할수록 절약하는 지혜가 필요합니다. .... [ ]

58 방문하는 곳마다 친절하게 안내해 주었습니다. .... [ ]

59 "서기는 회의록을 정리하여 발표해 주기 바랍니다." .... [ ]

60 집게발로 상대방의 급소를 꽉 물고 놓지를 않았다. .... [ ]

61 자신의 사명을 깨닫고 피나는 노력을 하였습니다. .... [ ]

05 다음 訓과 音을 지닌 漢字를 쓰시오. 62~66번

| 보기 |

나라 국 - 말씀 어 [國語]

62 참여할 참 - 생각할 고 [ ]

63 바람 풍 - 격식 격 [ ]

64 수컷 웅 - 그림 도 [ ]

65 합할 합 - 이를 치 [ ]

66 본받을 효 - 능할 능 [ ]

06 다음 각 글자와 뜻이 대립되는 漢字를 [ ]에 적어 漢字語를 만드시오. 67~71번

67 功 ↔ [ ] 68 [ ] ↔ 冷

69 得 ↔ [ ] 70 [ ] ↔ 副

71 [ ] ↔ 否

07 다음 각 글자와 뜻이 비슷한 漢字를 [ ]에 적어 漢字語를 만드시오. 72~76번

72 虛 - [ ] 73 [ ] - 擊

74 均 - [ ] 75 [ ] - 達

76 毒 - [ ]

08 다음 [ ]에 알맞은 漢字를 써넣어 四字成語를 완성하시오. 77~81번

77 [ ] 利思義 : 이익이 보일 때 의리를 먼저 생각함.

78 難[ ]難弟 : 누가 더 낫다고 할 수 없을 정도로 둘이 서로 비슷함.

79 言語[ ]斷 : 어이가 없어서 말하려 해도 말할 수 없음.

80 [ ]賞必罰 : 상과 벌을 규정대로 분명하게 함.

81 經國濟[ ] : 나라를 잘 다스리고 백성을 구제함.

09 다음 單語의 同音異義語를 漢字로 쓰되, 제시된 뜻에 맞추시오. 82~86번

82 (立射) – [ ] : 회사 따위에 취직하여 들어감.

83 (異常) – [ ] : 수량이나 정도가 그것을 포함하여 더 많거나 나음.

84 (夜深) – [ ] : 무엇을 이루려고 마음속에 품고 있는 욕망이나 소망.

85 (地積) – [ ] : 지식이나 지성에 관한 것.

86 (文案) – [ ] : 안부를 여쭘.

10 다음 漢字語의 뜻을 쓰시오. 87~89번

87 寶庫 : [ ]

88 收支 : [ ]

89 抗辯 : [ ]

11 다음 漢字의 部首를 쓰시오. 90~92번

90 頌 – [ ] 91 威 – [ ]

92 周 – [ ]

12 다음 漢字를 널리 쓰이는 略字로 고쳐 쓰시오. 93~95번

93 爭 – [ ] 94 會 – [ ]

95 寫 – [ ]

13 다음 略字를 正字로 고쳐 쓰시오. 96~97번

96 医 – [ ] 97 質 – [ ]

14 다음 漢字語 중 첫 音節이 길게 發音되는 單語 3개를 골라 그 번호를 쓰시오. 98~100번

| 보기 |

① 妹夫	② 護衛	③ 旅客	④ 再次
⑤ 詩句	⑥ 善處	⑦ 單純	⑧ 羅列

98 [ ] 99 [ ]

100 [ ]

09회 한자능력검정시험 4급 예상문제

(사) 한국어문회 주관	
합격문항	70문항
시험시간	50분
정 답	173쪽

01 다음 漢字語의 讀音을 쓰시오. 01~30번

01 防犯 [ ] 02 脫穀 [ ]

03 離別 [ ] 04 周邊 [ ]

05 俗稱 [ ] 06 階層 [ ]

07 討伐 [ ] 08 豊盛 [ ]

09 聖賢 [ ] 10 趣味 [ ]

11 陣痛 [ ] 12 特段 [ ]

13 藥指 [ ] 14 批判 [ ]

15 蓄財 [ ] 16 總額 [ ]

17 嚴肅 [ ] 18 閉場 [ ]

19 隊員 [ ] 20 巨富 [ ]

21 記帳 [ ] 22 結婚 [ ]

23 招請 [ ] 24 硏究 [ ]

25 勸獎 [ ] 26 狀況 [ ]

27 提案 [ ] 28 旅券 [ ]

29 拍車 [ ] 30 移植 [ ]

02 다음 漢字語를 漢字로 쓰시오. 31~42번

31 **단속**(법률을 어기지 않게 통제함)
.... [ ]

32 **요인**(중요한 원인)
.... [ ]

33 **경로**(노인을 공경함)
.... [ ]

34 **산고**(아기를 낳는 고통)
.... [ ]

35 **품종**(물품, 또는 생물의 종류)
.... [ ]

36 **저금**(돈을 저축함)
.... [ ]

37 **무료**(값을 받지 않음, 값을 치르지 않음)
.... [ ]

38 **선명**(산뜻하고 밝음)
.... [ ]

39 **정전**(전기가 일시적으로 끊어짐)
.... [ ]

40 **급우**(같은 학급에서 배우는 벗)
.... [ ]

41 **대국**(마주보고 앉아서 바둑이나 장기를 둠)
.... [ ]

42 **당선**(심사나 선거에서 뽑힘)
.... [ ]

03 다음 밑줄 친 漢字語를 漢字로 쓰시오. 43~47번

43 군사들의 늠름한 기상에 <u>감복</u>하였습니다.
.... [ ]

44 아무리 변명해도 **소용**없는 노릇이다. .... [ ]

45 그에 관한 **풍문**은 꼬리에 꼬리를 물고 번져 갔다. .... [ ]

46 독립운동에 목숨을 바칠 것을 **결의**하였습니다. .... [ ]

47 온 **정열**을 다해서 작품을 완성하였습니다. .... [ ]

04 다음 漢字의 訓과 音을 쓰시오. 48~61번

48 血 [ ] 49 系 [ ]

50 波 [ ] 51 制 [ ]

52 宣 [ ] 53 輪 [ ]

54 敗 [ ] 55 範 [ ]

56 髮 [ ] 57 興 [ ]

58 眼 [ ] 59 怒 [ ]

60 掃 [ ] 61 深 [ ]

05 다음 訓과 音을 지닌 漢字를 쓰시오. 62~66번

| 보기 |

나라 국 – 말씀 어 [國語]

62 즐길 락 – 볼 관 [ ]

63 멀 원 – 큰바다 양 [ ]

64 무리 등 – 바탕 질 [ ]

65 마디 절 – 잡을 조 [ ]

66 귀할 귀 – 재목 재 [ ]

06 다음 각 글자와 뜻이 대립되는 漢字를 [ ]에 적어 漢字語를 만드시오. 67~71번

67 與 ↔ [ ] 68 [ ] ↔ 納

69 初 ↔ [ ] 70 [ ] ↔ 圓

71 細 ↔ [ ]

07 다음 각 글자와 뜻이 비슷한 漢字를 [ ]에 적어 漢字語를 만드시오. 72~76번

72 鬪 – [ ] 73 [ ] – 斷

74 孤 – [ ] 75 [ ] – 敢

76 製 – [ ]

08 다음 [ ]에 알맞은 漢字를 써넣어 四字成語를 완성하시오. 77~81번

77 難攻不[ ] : 공격하기가 어려워 쉽사리 함락되지 아니함.

78 博學[ ]識 : 학식이 넓고 아는 것이 많음.

79 安[ ]知足 : 제 분수를 지키며 만족할 줄을 앎.

80 教學相[ ] : 가르치고 배우면서 성장함.

81 積小[ ]大 : 작은 것도 쌓이면 많아짐.

09 다음 單語의 同音異義語를 漢字로 쓰되, 제시된 뜻에 맞추시오. 82~86번

82 (羊毛) – [ ] : 양아들이 됨으로써 생긴 어머니.

83 (公私) – [ ] : 토목이나 건축 따위에 관한 일.

84 (死生) – [ ] : 실물이나 자연 경치를 보고 그대로 그림.

85 (固守) – [ ] : 바둑이나 장기 따위에서 수가 높음.

86 (資源) – [ ] : 어떤 일을 자기 스스로 하고자 바라거나 나섬.

10 다음 漢字語의 뜻을 쓰시오. 87~89번

87 冷待 : [ ]

88 利害 : [ ]

89 略圖 : [ ]

11 다음 漢字의 部首를 쓰시오. 90~92번

90 盡 – [ ] 91 貧 – [ ]

92 票 – [ ]

12 다음 漢字를 널리 쓰이는 略字로 고쳐 쓰시오. 93~95번

93 來 – [ ] 94 禮 – [ ]

95 關 – [ ]

13 다음 略字를 正字로 고쳐 쓰시오. 96~97번

96 昼 – [ ] 97 価 – [ ]

14 다음 漢字語 중 첫 音節이 길게 發音되는 單語 3개를 골라 그 번호를 쓰시오. 98~100번

| 보기 |

① 援助 ② 構築 ③ 投書 ④ 除去
⑤ 領海 ⑥ 末端 ⑦ 負擔 ⑧ 到處

98 [ ] 99 [ ]

100 [ ]

10회 한자능력검정시험 4급 예상문제

(사) 한국어문회 주관	
합격문항	70문항
시험시간	50분
정 답	174쪽

01 다음 밑줄 친 漢字語의 讀音을 쓰시오.

01~32번

01 우승자는 꽃다발을 흔들며 觀衆들의 환호에 답하였다. …………………… [ ]

02 그는 산적 두목이 되어 徒黨을 거느리기도 하였다. …………………… [ ]

03 모임을 알리는 안내장을 發送하였다. …………………… [ ]

04 애국지사의 순국精神을 기렸다. …………………… [ ]

05 연사는 박수갈채가 터져 나오자 더욱 힘 있게 熱辯을 토했다. …… [ ]

06 보다 確實한 증거를 찾아내야 한다. …………………… [ ]

07 양팀은 경기 시작 전부터 열띤 應援을 펼쳤다. …………………… [ ]

08 모든 비용은 개인이 負擔하기로 하였다. …………………… [ ]

09 여러 가지 證據를 토대로 하여 죄의 유무를 가렸다. …………………… [ ]

10 농민들의 소득 증대에 크게 寄與하였다. …………………… [ ]

11 학생들에게 독서를 勸勉하였다. …………………… [ ]

12 각 지역에서 輪番으로 회합을 가지기로 하였다. …………………… [ ]

13 곰곰이 대책을 窮理하였다. …………………… [ ]

14 기회주의적 인간에 대하여 批判하였다. …………………… [ ]

15 달빛 아래에서 아리따운 姿態를 드러냈다. …………………… [ ]

16 우리 사회에 많은 功績을 끼쳤다. …………………… [ ]

17 지위가 높은 인사들에게 공식적인 尊稱을 붙였다. …………………… [ ]

18 입국하기 전에 간단한 節次를 밟았다. …………………… [ ]

19 청소년들이 座席마다 무리 지어 있었다. …………………… [ ]

20 위기를 넘길 만한 妙案이 떠올랐다. …………………… [ ]

21 이웃들을 招請하여 만찬을 베풀었다. …………………… [ ]

22 전쟁이 남긴 傷處는 처참했다. …………………… [ ]

23 우수 작품에 상장과 격려금을 施賞하였다. …………………… [ ]

24 두 사람은 만난 지 두 달 만에 約婚을 하였다. …………………… [ ]

25 그들은 肅然한 분위기에 눌려 좀처럼 말을 할 수가 없었다. ……… [ ]

26 교류가 持續되면서 문화가 동질화되는 부분이 생겼다. …………………… [ ]

27 우리 민족은 조상을 崇拜하는 마음이 투철하다. ………………………… [ ]

28 드디어 남북 離散가족의 상봉이 이루어졌다. ………………………………… [ ]

29 도심지의 주거 인구가 도시 외곽으로 移轉하였다. ……………………… [ ]

30 그와 함께 일하기를 周圍 사람들에게 강요받았다. ……………………… [ ]

31 선수들이 예상을 뛰어넘는 善戰을 펼쳤다. ………………………………… [ ]

32 가수가 무대에 오르자 팬들이 歡呼聲을 질렀다. ………………………… [ ]

02 위 문제에 출제된 다음 漢字語 중 첫 音節이 길게 발음되는 單語 3개를 골라 그 번호를 순서대로 쓰시오. 33~35번

| 보기 |

① 觀衆 ② 應援 ③ 證據 ④ 寄與 ⑤ 姿態
⑥ 傷處 ⑦ 崇拜 ⑧ 離散 ⑨ 移轉

33 [ ] 34 [ ]
35 [ ]

03 다음 漢字의 訓과 音을 쓰시오. 36~54번

36 碑 [ ] 37 假 [ ]
38 旅 [ ] 39 均 [ ]
40 味 [ ] 41 疲 [ ]
42 殘 [ ] 43 困 [ ]
44 鏡 [ ] 45 額 [ ]
46 居 [ ] 47 秀 [ ]
48 粉 [ ] 49 組 [ ]
50 庫 [ ] 51 伐 [ ]
52 延 [ ] 53 冊 [ ]
54 舌 [ ]

04 다음 밑줄 친 單語를 漢字[正字]로 바꾸어 쓰시오. 55~74번

55 비행기는 지상의 유도에 따라 착륙하였다. ………………………………… [ ]

56 새로 부임한 면장이 주민들에게 인사를 하였다. ………………………… [ ]

57 그의 생각은 사회적 통념을 깨뜨리는 것이었다. ………………………… [ ]

58 어느 점으로 보나 회복될 가망이 없었다. ………………………………… [ ]

59 경제상황의 악화는 소비 욕구를 감쇄하기도 한다. ………………………… [ ]

60 그는 선거에서 큰 표 차이로 이기고 당선되었다. ………………………… [ ]

61 본바탕 위에 다른 재질로 무늬를 박아 장식하였다. ……………………… [ ]

62 우리 민족은 고유문화를 발전시켜 왔다. ………………………………… [ ]

63 불우이웃에 대한 각계의 성원이 잇따랐다. ………………………………… [ ]

64 박물관에서 고려청자를 엄선하여 전시하였다. ………………………………… [ ]

65 어머니는 새 가구를 장만하셨다. ………………………………… [ ]

66 여행을 하면서 다양한 문화와 각 지역의 풍습을 경험할 수 있었다. ·· [ ]

67 "저는 개인적으로 그 의견에 반대합니다." ………………………………… [ ]

68 화려한 불꽃이 도시의 하늘을 눈부시게 수놓았다. ……………………… [ ]

69 "누구를 원망한들 무슨 소용이 있겠는가?" ………………………………… [ ]

70 환경오염은 **후손**에게 엄청난 재앙을 끼칠 것이다. ………………… [ ]

71 그는 나의 **의견**에 동의했다. ………………… [ ]

72 대표 선출에 여러 후보들이 **경합**하였다. ………………… [ ]

73 민족의 염원을 풀어 가는 **귀중**한 디딤돌이 될 것이다. ………………… [ ]

74 각자의 일은 스스로 **책임**져야 한다. ………………… [ ]

05 다음 漢字를 널리 쓰이는 略字로 고쳐 쓰시오. 75~77번

75 舊 – [ ] 76 禮 – [ ]

77 賣 – [ ]

06 다음 漢字語의 뜻을 쓰시오. 78~80번

78 子婦 : [ ]

79 漁船 : [ ]

80 終映 : [ ]

07 다음 각 글자와 뜻이 같거나 비슷한 漢字語를 [ ] 속에 적어 單語를 完成하시오. 81~83번

81 歲初 – 年[ ] 82 鼻祖 – [ ]祖

83 缺點 – [ ]點

08 다음 漢字語와 뜻이 대립되는 漢字를 [ ] 속에 적어 單語를 完成하시오. 84~86번

84 不幸 ↔ 幸[ ] 85 減少 ↔ 增[ ]

86 平等 ↔ 差[ ]

09 다음 漢字의 部首를 쓰시오. 87~89번

87 助 – [ ] 88 雨 – [ ]

89 再 – [ ]

10 다음 [ ] 속에 알맞은 漢字를 써넣어 四字成語를 完成하시오. 90~94번

90 [ ][ ]相規 : 나쁜 행실을 하지 못하도록 서로 규제함.

91 前[ ]未[ ] : 이제까지 들어본 적이 없는 일.

92 [ ]備無[ ] : 준비가 되어 있으면 걱정할 것이 없음.

93 [ ]物[ ]知 : 실제 사물의 이치를 연구하여 지식을 완전하게 함.

94 [ ][ ]兩得 : 한 가지 일을 하여 두 가지 이익을 얻음.

11 다음 單語의 同音異義語를 漢字[正字]로 쓰되, 제시된 뜻에 맞추시오. 95~97번

95 (食數) – [ ] : 나무를 심음.

96 (承認) – [ ] : 승리의 원인

97 (靑山) – [ ] : 서로 간에 채무·채권 관계를 셈하여 깨끗이 해결함.

12 다음 문장의 밑줄 (____) 부분에 들어갈 알맞은 말을 쓰시오. 98~100번

'狀'字는 '(____)98 상'과 '(____)99 장'으로 읽히는 글자요, '復'字는 '復活'에서는 '(____)100 부'로 읽히고 '反復'에서는 '회복할 복'으로 읽힌다.

98 [ ] 99 [ ]

100 [ ]

11회 한자능력검정시험 4급 예상문제

(사) 한국어문회 주관	
합격문항	70문항
시험시간	50분
정 답	176쪽

01 다음 漢字語의 讀音을 쓰시오. 01~26번

01 管樂 [ ]	02 豫想 [ ]
03 寄與 [ ]	04 憤痛 [ ]
05 假稱 [ ]	06 宗派 [ ]
07 樣態 [ ]	08 刻印 [ ]
09 氣孔 [ ]	10 減量 [ ]
11 路邊 [ ]	12 警句 [ ]
13 測速 [ ]	14 提請 [ ]
15 味覺 [ ]	16 推移 [ ]
17 謝絶 [ ]	18 機緣 [ ]
19 演劇 [ ]	20 未婚 [ ]
21 趣向 [ ]	22 舌戰 [ ]
23 負傷 [ ]	24 引受 [ ]
25 採取 [ ]	26 婦謠 [ ]

02 다음 글을 읽고, 漢字로 적힌 것은 그 讀音을 쓰고, 한글로 쓰인 것은 漢字로 바꾸어 쓰시오. 27~40번

가 우리들의 祖國 光復[27]은 연합국의 勝利가 直接[28]적인 힘이기는 하지만, 많은 先烈[29]들의 희생과 意志[30]가 뒷받침되었다는 事實을 알아야 합니다.

나 우리 겨레가 거족적[31]으로 1919년 3·1 독립 운동을 일으켜 鬪爭[32]했고, 이것이 日帝[33]의 彈壓[34]으로 어렵게 되자, 많은 愛國志士나 독립 운동가[35]들이 만주·中國·러시아·美國 등 國外로 망명[36]길에 올랐습니다.

다 중국 上海에서는 임시政府[37]를 수립[38], 국제 외교활동을 통해 조국의 自主 독립을 호소했고, 光復軍을 組織[39]하여 일본 軍隊와 直接 싸우면서 독립 운동을 전개[40]했던 것입니다.

27 光復 [ ]	28 直接 [ ]
29 先烈 [ ]	30 意志 [ ]
31 거족적 [ ]	32 鬪爭 [ ]
33 日帝 [ ]	34 彈壓 [ ]
35 운동가 [ ]	36 망명 [ ]
37 政府 [ ]	38 수립 [ ]
39 組織 [ ]	40 전개 [ ]

03 위의 밑줄 친 漢字語(27~40)에서 첫소리가 長音인 것을 골라 5개를 쓰시오. 41~45번

41 [ ]	42 [ ]
43 [ ]	44 [ ]
45 [ ]	

04 다음 밑줄 친 말에 알맞은 漢字를 쓰시오. 46~54번

46 효는 모든 행동의 <u>기본</u>이다. ………………………… [ ]

47 당선 가능한 후보자를 <u>물색</u>하였다. ………………………… [ ]

48 지나친 강요는 <u>반감</u>을 불러올 수 있다. ………………………… [ ]

49 지극한 정성으로 어머니를 <u>봉양</u>하였다. ………………………… [ ]

50 그는 긴장된 <u>표정</u>으로 지켜보고 있었다. ………………………… [ ]

51 개막식과 함께 하늘로 수많은 <u>풍선</u>이 날아 올랐습니다. …………… [ ]

52 경제적 보상만이 삶의 가치의 <u>전부</u>는 아니다. ………………………… [ ]

53 동해 <u>어장</u>에서는 명태, 오징어, 꽁치 따위가 잡힌다. ……………………… [ ]

54 일을 처음으로 배우는 사람을 <u>견습공</u>이라고 한다. ……………………… [ ]

05 다음 漢字의 訓과 音을 쓰시오. 55~68번

55 督 [ ] 56 副 [ ]

57 隱 [ ] 58 激 [ ]

59 燃 [ ] 60 設 [ ]

61 折 [ ] 62 蓄 [ ]

63 營 [ ] 64 舞 [ ]

65 犯 [ ] 66 助 [ ]

67 傾 [ ] 68 鳴 [ ]

06 다음 單語의 同音異義語를 漢字로 쓰되, 제시된 뜻을 유념하시오. 69~72번

69 (散在) – [ ] : 산업 재해.

70 (程度) – [ ] : 올바른 길.

71 (檀紀) – [ ] : 단체나 모임을 상징하는 기.

72 (技師) – [ ] : 기록하여 씀.

07 다음 각 글자와 뜻이 대립되는 漢字를 [ ]에 적어 漢字語를 만드시오. 73~77번

73 空 ↔ [ ] 74 [ ] ↔ 常

75 悲 ↔ [ ] 76 [ ] ↔ 暖

77 官 ↔ [ ]

08 다음 각 글자와 뜻이 비슷한 漢字를 [ ]에 적어 漢字語를 만드시오. 78~82번

78 堅 – [ ] 79 [ ] – 勤

80 辭 – [ ] 81 [ ] – 援

82 賢 – [ ]

09 다음 □ 주변의 4개 漢字를 화살표 방향으로 결합해서 단어가 될 수 있는 공통 漢字를 |보기|에서 골라 그 번호를 쓰시오. 83~86번

|보기|

①統 ②萬 ③通 ④雪 ⑤張
⑥火 ⑦寢 ⑧章 ⑨滿 ⑩卓

83 期 ↖ □ ↗ 發 / 自 ↗ □ ↘ 潮

84 系 ↘ □ ↙ 傳 / 制 ↙ □ ↘ 治

85 冊 ↘ □ ↙ 主 / 數 ↙ □ ↘ 燈

86 就 ↘ □ ↗ 具 / 床 ↙ □ ↖ 午

10 다음 [ ] 안에 알맞은 漢字를 써넣어 四字成語를 완성하시오. 87~91번

87 [ ][ ]無齒 : 뿔이 있는 짐승은 이가 없음. 한 사람이 여러 가지 재주나 복을 모두 가질 수 없음.

88 門前[ ][ ] : 문앞이 시장을 이룸. 찾아오는 사람이 많음.

89 [ ]卷[ ]益 : 책을 읽으면 유익함. 독서를 권장하는 말.

90 [ ]不將[ ] : 자기 생각대로 혼자서 처리하는 사람. 따돌림을 받는 외로운 사람.

91 殺[ ][ ]仁 : 자기의 몸을 희생하여 仁을 이룸.

11 다음 漢字를 널리 쓰이는 略字로 고쳐 쓰시오. 92~94번

92 對 – [ ] **93** 黨 – [ ]

94 廣 – [ ]

12 다음 漢字의 部首를 쓰시오. 95~97번

95 如 – [ ] **96** 整 – [ ]

97 童 – [ ]

13 다음 낱말의 뜻에 알맞은 漢字語를 |보기|에서 골라 그 번호를 쓰시오. 98~100번

|보기|

①査罪 ②從屬 ③問罰 ④離脫 ⑤落下
⑥附着 ⑦異脫 ⑧奇生 ⑨問招 ⑩從俗

98 떨어져 나감.

.... [ ]

99 죄인을 심문함.

.... [ ]

100 다른 사물에 딸려 붙음.

.... [ ]

12회 한자능력검정시험 4급 예상문제

(사) 한국어문회 주관	
합격문항	70문항
시험시간	50분
정 답	177쪽

01 다음 漢字語의 讀音을 쓰시오. 01~26번

01 流配 [ ] 02 壯丁 [ ]

03 遊覽 [ ] 04 請願 [ ]

05 規律 [ ] 06 抗拒 [ ]

07 絶壁 [ ] 08 銃殺 [ ]

09 降神 [ ] 10 閉店 [ ]

11 均等 [ ] 12 準則 [ ]

13 盛況 [ ] 14 差益 [ ]

15 批評 [ ] 16 末端 [ ]

17 占據 [ ] 18 確認 [ ]

19 雜誌 [ ] 20 發覺 [ ]

21 狀態 [ ] 22 斗酒 [ ]

23 協助 [ ] 24 餘錄 [ ]

25 舞樂 [ ] 26 缺番 [ ]

02 다음 漢字의 訓과 音을 쓰시오. 27~37번

27 揮 [ ] 28 勸 [ ]

29 紀 [ ] 30 簡 [ ]

31 頌 [ ] 32 核 [ ]

33 續 [ ] 34 遇 [ ]

35 彈 [ ] 36 局 [ ]

37 資 [ ]

03 다음 單語의 同音異義語를 漢字로 쓰되, 제시된 뜻에 맞추시오. 38~42번

38 (賊子) – [ ] : 지출이 수입보다 많은 일, 또는 결손액.

39 (定員) – [ ] : 집 안에 있는 뜰이나 꽃밭.

40 (動靜) – [ ] : 남의 어려운 처지를 딱하고 가엾게 여김.

41 (攻守) – [ ] : 빈손.

42 (固辭) – [ ] : 학업 성적을 평가하는 시험.

04 다음 訓과 音을 지닌 漢字를 쓰시오. 43~47번

| 보기 |

나라 국 – 말씀 어 [國語]

43 패할 패 – 달아날 배 [ ]

44 악할 악 – 재목 재 [ ]

45 가릴 선 – 들 거 [ ]

46 이를 도 – 붙을 착 [ ]

47 고를 조 – 화할 화 [ ]

05 다음 漢字를 널리 쓰이는 略字로 고쳐 쓰시오. 48~50번

48 兒 – [ ] 49 參 – [ ]

50 獨 – [ ]

06 다음 빈칸에 알맞은 漢字를 써넣어 成語를 完成하시오. 51~55번

51 [ ]志不變 : 처음에 품은 뜻이 변하지 아니함.

52 一葉[ ]秋 : 하나의 나뭇잎을 보고 가을이 옴을 앎. 조그마한 일로써 장차 올 일을 미리 짐작함.

53 [ ]親以孝 : 어버이를 효도로써 섬겨야 함.

54 [ ]國干城 : 나라를 구하는 방패와 성.

55 異口[ ]聲 : 입은 다르나 목소리는 같음. 여러 사람의 말이 한결같음.

07 다음 각 글자와 뜻이 대립되는 漢字를 [ ]에 적어 漢字語를 만드시오. 56~60번

56 受 ↔ [ ] 57 [ ] ↔ 刑

58 都 ↔ [ ] 59 [ ] ↔ 低

60 起 ↔ [ ]

08 다음 각 글자와 뜻이 비슷한 漢字를 [ ]에 적어 漢字語를 만드시오. 61~65번

61 [ ] – 識 62 舍 – [ ]

63 [ ] – 趣 64 座 – [ ]

65 [ ] – 誤

09 다음 漢字의 部首를 쓰시오. 66~68번

66 句 – [ ] 67 衛 – [ ]

68 界 – [ ]

10 다음 낱말의 뜻에 알맞은 漢字語를 |보기|에서 골라 그 번호를 쓰시오. 69~71번

|보기|

① 護國 ② 國是 ③ 屈節 ④ 衆智
⑤ 屈折 ⑥ 衆志 ⑦ 國本 ⑧ 中志

69 휘어서 꺾임. ·············· [ ]

70 뭇사람의 지혜. ·········· [ ]

71 국정의 근본 방침. ····· [ ]

11 다음 글을 읽고, 漢字로 적힌 것은 그 讀音을 쓰고, 한글로 쓰인 것은 漢字로 바꾸어 쓰시오. 72~85번

[1] 사람은 세상을 혼자서 살 수 없는 **사회적**[72] 동물입니다. 내 가족은 물론 이웃과 서로 도우며 살아야 하고 **친구간**[73]에도 도움이 필요합니다. 이웃이나 친구가 남이 아니라 **공동체**[74]의 한 가족이라고 생각하면 자연스럽게 서로 힘을 합쳐 더 능률적으로 큰일도 해낼 수 있

습니다. 그러나 친구와 이웃을 **경쟁**[75]의 **상대**[76]로만 생각하는 **이기심**[77]을 가지면 사랑보다 미움을 갖게 되고 돕기보다 방해하게 되어 서로가 **불행**[78]하게 됩니다. 우리 주변에는 불행한 처지에 있는 사람이 많이 있습니다. 내가 따뜻한 사랑의 손길로 돕는 데 앞장서면 다른 사람도 차츰 사랑을 베풀게 되어, 불우한 내 이웃이 **希望**[79]을 잃지 않고 어려움을 이겨 나가게 될 것입니다.

② 마음이 깨끗한 사람은 항상 올바른 주장을 할 수 있으며, 남의 **尊敬**[80]을 받게 됩니다. 옛날부터 우리나라는 선비 **精神**[81]이라고 하여 곧고 깨끗한 마음씨를 가진 사람을 높이 평가하여 왔습니다. 마음이 맑은 사람은 그 생활의 **周邊**[82]도 항상 깨끗합니다. 오늘날 많이 배웠고, 돈도 많고, **지위**[83]도 높아 남들의 부러움을 사던 사람이 하루아침에 세상의 비난을 받고 **형편**[84]없는 **신세**[85]가 되어 버리는 일들을 가끔 보게 됩니다.

72 사회적 [ ] 73 친구간 [ ]
74 공동체 [ ] 75 경쟁 [ ]
76 상대 [ ] 77 이기심 [ ]
78 불행 [ ] 79 希望 [ ]
80 尊敬 [ ] 81 精神 [ ]
82 周邊 [ ] 83 지위 [ ]
84 형편 [ ] 85 신세 [ ]

12 위의 밑줄 친 漢字語(72~78)에서 첫소리가 長音인 것을 골라 3개를 쓰시오. 86~88번

86 [ ] 87 [ ]
88 [ ]

13 다음 밑줄 친 말에 알맞은 漢字를 쓰시오. 89~100번

89 나는 **단시일** 안에 그 일을 이루겠다고 다짐하였다. .... [ ]

90 새로운 **학용품**을 마련하였습니다. .... [ ]

91 물건을 **종류별**로 정리하였습니다. .... [ ]

92 그림을 그리고 **설명**도 써넣었습니다. .... [ ]

93 청소년기는 **성장**이 매우 빠른 시기이다. .... [ ]

94 오래도록 끌어 온 **숙제**가 해결되었다. .... [ ]

95 아우는 아직도 어린애 같은 철**부지**였습니다. .... [ ]

96 황희 정승은 세종 때의 **원로** 재상이었습니다. .... [ ]

97 단오 무렵의 익모초와 쑥은 **약효**가 있다고 한다. .... [ ]

98 환자는 출혈이 심하여 **중환자** 병실로 옮겨졌다. .... [ ]

99 **주택**은 지방마다 각각 다른 특징을 지니고 있습니다. .... [ ]

100 한강에 **인도교**가 놓인 것은 1917년이었다. .... [ ]

13회 한자능력검정시험 4급 예상문제

(사) 한국어문회 주관	
합격문항	70문항
시험시간	50분
정 답	179쪽

01 다음 漢字語의 讀音을 쓰시오. 01~26번

01 營養 [ ] 02 縮約 [ ]
03 資源 [ ] 04 蓄積 [ ]
05 構成 [ ] 06 連打 [ ]
07 缺格 [ ] 08 珍島 [ ]
09 負擔 [ ] 10 鬪志 [ ]
11 姿勢 [ ] 12 暴落 [ ]
13 血統 [ ] 14 厚謝 [ ]
15 標準 [ ] 16 效驗 [ ]
17 激烈 [ ] 18 榮顯 [ ]
19 未知 [ ] 20 徒黨 [ ]
21 盜聽 [ ] 22 威壓 [ ]
23 針線 [ ] 24 極祕 [ ]
25 探訪 [ ] 26 革帶 [ ]

02 다음 漢字의 訓과 音을 쓰시오. 27~37번

27 陰 [ ] 28 究 [ ]
29 尊 [ ] 30 商 [ ]
31 患 [ ] 32 律 [ ]
33 再 [ ] 34 均 [ ]
35 屬 [ ] 36 液 [ ]
37 條 [ ]

03 다음 單語의 同音異義語를 漢字로 쓰되, 제시된 뜻에 맞추시오. 38~42번

38 (宣告) – [ ] : 남에게 돌아가신 자기 아버지를 일컫는 말.
39 (寺院) – [ ] : 회사에 근무하는 사람.
40 (移轉) – [ ] : 이제보다 그 앞.
41 (秀才) – [ ] : 홍수나 장마 따위의 큰물로 입는 피해.
42 (經路) – [ ] : 노인을 공경함.

04 다음 訓과 음을 지닌 漢字를 쓰시오. 43~47번

| 보기 |
나라 국 – 말씀 어 [國語]

43 얼음 빙 – 숯 탄 [ ]
44 다툴 경 – 다툴 쟁 [ ]
45 찰 랭 – 더울 열 [ ]

46 씻을 세 – 익힐 련 [ ]

47 하여금 령 – 사랑 애 [ ]

05 다음 漢字를 널리 쓰이는 略字로 고쳐 쓰시오. 48~50번

48 觀 – [ ] 49 萬 – [ ]

50 變 – [ ]

06 다음 빈칸에 알맞은 漢字를 써넣어 成語를 完成하시오. 51~55번

51 精[ ][ ]到 : 정신을 한 곳에 모음.

52 [ ]離收[ ] : 쓰레기 따위를 종류별로 나누어서 거두어 감.

53 [ ][ ]殺人 : 한 치의 쇠붙이로도 사람을 죽임. 짧은 말로도 남을 감동시키거나 남의 약점을 찌를 수 있음.

54 嚴冬[ ][ ] : 눈 내리는 겨울의 심한 추위.

55 [ ][ ]豫報 : 얼마 동안의 일기 변화를 미리 알리는 일.

07 다음 각 글자와 뜻이 대립되는 漢字를 [ ]에 적어 漢字語를 만드시오. 56~60번

56 虛 ↔ [ ] 57 [ ] ↔ 配

58 因 ↔ [ ] 59 [ ] ↔ 除

60 隱 ↔ [ ]

08 다음 각 글자와 뜻이 비슷한 漢字를 [ ]에 적어 漢字語를 만드시오. 61~65번

61 [ ] – 圓 62 季 – [ ]

63 差 – [ ] 64 [ ] – 擇

65 疲 – [ ]

09 다음 漢字의 部首를 쓰시오. 66~68번

66 骨 – [ ] 67 將 – [ ]

68 武 – [ ]

10 다음 낱말의 뜻에 알맞은 漢字語를 |보기|에서 골라 그 번호를 쓰시오. 69~71번

|보기|

① 詩調	② 敗走	③ 交類	④ 時調
⑤ 敗却	⑥ 交流	⑦ 後退	⑧ 相來

69 우리 고유의 정형시. …… [ ]

70 서로 오가며 섞임. ……… [ ]

71 전쟁에 패하여 달아남. ‥ [ ]

11 다음 글을 읽고, 漢字로 적힌 것은 그 讀音을 쓰고, 한글로 쓰인 것은 漢字로 바꾸어 쓰시오. 72~85번

<u>대동輿여지도</u>[72]의 '대동'은 우리나라를 일컫는 말로, '동방의 큰 나라'라는 뜻이다. 이 말에는 남의 나라의 눈치를 볼 필요가 없는 큰 <u>존재</u>[73]라는 의미도 있다. 김정호의 이러한 생각에서 그의 나라 사랑하는 마음과 <u>자주성</u>[74]을 엿볼 수 있다.

김정호는 산줄기와 물줄기를 함께 **考慮**[75]하여 대동여지도를 만들었다. 이와 같은 지도 **製作**[76]법은 옛날부터 전해 내려오는 우리나라만의 **독특**[77]한 **기법**[78]인데, 김정호가 더욱 **正確**[79]하게 **繼承**[80]하고 발전시켰다.

김정호는 지도에 4킬로미터마다 점을 찍어 고을 사이의 거리를 표시하였다. 그리고 산성과 봉수대도 나타내어, 나라가 **危急**[81]한 **狀況**[82]에 처하였을 때에 군사 지도로도 쓸 수 있게 하였다.

그는 지도 만드는 일을 필생의 사업으로 삼아 대동여지도와 같은 **위대**[83]한 문화 **遺産**[84]을 남겼다. 누구보다도 나라를 사랑하고 **백성**[85]을 사랑한 그의 정신은 그가 만든 지도와 함께 언제까지나 우리 가슴속에 살아 있을 것이다.

72 대동輿여지도 [ ]

73 존재 [ ] 74 자주성 [ ]

75 考慮 [ ] 76 製作 [ ]

77 독특 [ ] 78 기법 [ ]

79 正確 [ ] 80 繼承 [ ]

81 危急 [ ] 82 狀況 [ ]

83 위대 [ ] 84 遺産 [ ]

85 백성 [ ]

12 위의 밑줄 친 漢字語(72~80)에서 첫소리가 長音인 것을 골라 4개를 쓰시오. 86~89번

86 [ ] 87 [ ]

88 [ ] 89 [ ]

13 다음 밑줄 친 말에 알맞은 漢字를 쓰시오. 90~100번

90 어린아이들이 **공공**장소에서 장난을 치거나 떠들면 말려야 합니다. ………… [ ]

91 매점에는 다양한 생활 **용품**이 진열되어 있습니다. ………… [ ]

92 창조적 정신이 발전의 **원동력**이 되었습니다. ………… [ ]

93 축구경기가 **우천**때문에 연기되었다. ………… [ ]

94 농촌에서는 새로운 **종자** 개발로 대량 생산을 목표로 하고 있다. ………… [ ]

95 국토 개발은 환경과 **친화**를 이루도록 하여야 한다. ………… [ ]

96 지금까지 얘기가 서론에 **불과**하다니! ………… [ ]

97 밤하늘의 **은하수**를 보며 옛 추억을 그려보았습니다. ………… [ ]

98 그림 속의 소년은 송아지를 타고 드넓은 **초원**을 치달리고 있습니다. ‥ [ ]

99 욕심이 많은 사람은 아무리 많이 가져도 **자족**할 줄 모른다. ………… [ ]

100 경제 신문은 매일의 **경기** 지표와 물가의 변동 상황을 보도한다. ‥ [ ]

14회 한자능력검정시험 4급 예상문제

(사) 한국어문회 주관	
합격문항	70문항
시험시간	50분
정 답	180쪽

01 다음 漢字語의 讀音을 쓰시오. 01~30번

01 切痛 [ ] 02 創黨 [ ]

03 裝彈 [ ] 04 採鑛 [ ]

05 悲歎 [ ] 06 喜劇 [ ]

07 極貧 [ ] 08 笑留 [ ]

09 增損 [ ] 10 印朱 [ ]

11 景觀 [ ] 12 疲困 [ ]

13 負擔 [ ] 14 滿潮 [ ]

15 童謠 [ ] 16 妙境 [ ]

17 過讚 [ ] 18 激鬪 [ ]

19 討伐 [ ] 20 證據 [ ]

21 招請 [ ] 22 指揮 [ ]

23 脈壓 [ ] 24 總評 [ ]

25 減縮 [ ] 26 消盡 [ ]

27 推移 [ ] 28 厚謝 [ ]

29 混線 [ ] 30 姿態 [ ]

02 다음 漢字의 訓과 音을 쓰시오. 31~52번

31 抗 [ ] 32 批 [ ]

33 環 [ ] 34 範 [ ]

35 離 [ ] 36 崇 [ ]

37 額 [ ] 38 松 [ ]

39 帳 [ ] 40 傷 [ ]

41 泉 [ ] 42 派 [ ]

43 探 [ ] 44 陸 [ ]

45 延 [ ] 46 模 [ ]

47 趣 [ ] 48 普 [ ]

49 妨 [ ] 50 爆 [ ]

51 辭 [ ] 52 舞 [ ]

03 다음 밑줄 친 漢字語를 漢字로 쓰시오. 53~71번

53 그분은 <u>숙환</u>으로 별세하셨다.
.... [ ]

54 새로운 진단법으로 <u>고안</u>하였다.
.... [ ]

55 회장의 신임을 <u>거수</u>로 결정하였다.
.... [ ]

56 군가를 불러 병사들의 <u>사기</u>를 높였다.
.... [ ]

57 탐험대가 **급류**에 휩쓸렸다.
.... [ ]

58 농산물 **가격**이 급등하였다.
.... [ ]

59 가난한 사람들에게 **의술**을 펼쳤다.
.... [ ]

60 신체장애인을 위한 **재활** 시설이 마련되었다.
.... [ ]

61 수익금은 이웃을 돕는 **기금**으로 쓰일 것이다.
.... [ ]

62 자신의 **의도**대로 작품을 마무리하였다.
.... [ ]

63 넉넉하지 못한 **여비**로 여행을 떠났다.
.... [ ]

64 인간이면 누구나 **영생**불멸을 원한다.
.... [ ]

65 상대의 공격을 **요령**있게 피해 나갔다.
.... [ ]

66 형제간에 **우애**가 돈독하고 깊었다.
.... [ ]

67 신하들의 충성에 깊이 **감동**하였다.
.... [ ]

68 통일은 우리 민족의 **과제**이다.
.... [ ]

69 외국산 **상품** 수입 제한을 요구하였다.
.... [ ]

70 유엔은 양측에 **정전** 협정을 제의하였다.
.... [ ]

71 부족한 비용을 자비로 **충당**하였다.
.... [ ]

04 다음 빈 칸에 알맞은 漢字를 적어 四字成語를 完成하시오. 72~76번

72 [ ][ ]報恩 : 풀을 맺어 은혜를 갚음. 죽어서도 은혜를 잊지 않고 갚음.

73 燈[ ][ ]明 : 등잔 밑이 어두움. 오히려 가까이 있는 것을 알아내기 어려움.

74 博覽[ ][ ] : 책을 많이 읽고 기억을 잘함.

75 [ ][ ]求是 : 있는 그대로의 사실에서 진리나 진상을 찾고 구하는 것.

76 衆[ ]難防 : 뭇사람의 여러 가지 의견을 하나하나 막기가 어려움.

05 다음 漢字와 뜻이 반대 또는 상대되는 漢字를 [ ]에 넣어 漢字語를 만드시오. 77~81번

77 甘 ↔ [ ]　78 [ ] ↔ 炭

79 常 ↔ [ ]　80 [ ] ↔ 散

81 投 ↔ [ ]

06 다음 각 글자와 뜻이 같거나 비슷한 漢字를 [ ]에 넣어 漢字語를 만드시오. 82~86번

82 律 – [ ]
83 [ ] – 慶
84 遺 – [ ]
85 [ ] – 察
86 判 – [ ]

07 다음은 同音異義語가 들어 있는 문장이다. 밑줄 친 單語를 漢字로 쓰시오. 87~88번

한 권의 책을 <u>필사</u>[87]하는 데에 며칠동안 <u>필사</u>[88]의 노력을 다했다.

87 [ ]
88 [ ]

08 다음 漢字의 部首를 쓰시오. 89~91번

89 新 – [ ]
90 比 – [ ]
91 望 – [ ]

09 다음 漢字를 널리 通用되는 略字로 고치시오. 92~94번

92 變 – [ ]
93 獨 – [ ]
94 團 – [ ]

10 다음 漢字語의 뜻을 쓰시오. 95~97번

95 放牧 : [ ]
96 堂叔 : [ ]
97 走破 : [ ]

11 다음 漢字語 중 첫 音節이 길게 發音되는 單語 3개를 골라 그 번호를 쓰시오. 98~100번

| 보기 |

① 亂立	② 部落	③ 共用	④ 質量
⑤ 組織	⑥ 船主	⑦ 異端	⑧ 深度

98 [ ]
99 [ ]
100 [ ]

15회 한자능력검정시험 4급 예상문제

(사) 한국어문회 주관	
합격문항	70문항
시험시간	50분
정 답	182쪽

01 다음 漢字語의 讀音을 쓰시오. 01~30번

01 極刑 [ ] 02 周圍 [ ]

03 姿態 [ ] 04 批評 [ ]

05 隱密 [ ] 06 豊凶 [ ]

07 革帶 [ ] 08 早産 [ ]

09 銃彈 [ ] 10 勸降 [ ]

11 毒針 [ ] 12 屈伏 [ ]

13 探險 [ ] 14 絲柳 [ ]

15 整備 [ ] 16 後援 [ ]

17 稱讚 [ ] 18 液狀 [ ]

19 抗辯 [ ] 20 傷處 [ ]

21 組織 [ ] 22 脫俗 [ ]

23 討伐 [ ] 24 宣布 [ ]

25 障壁 [ ] 26 逃避 [ ]

27 依存 [ ] 28 孔劇 [ ]

29 遊說 [ ] 30 延着 [ ]

02 다음 漢字의 訓과 음을 쓰시오. 31~52번

31 筋 [ ] 32 迎 [ ]

33 儉 [ ] 34 擊 [ ]

35 聽 [ ] 36 寢 [ ]

37 寄 [ ] 38 督 [ ]

39 穀 [ ] 40 卵 [ ]

41 額 [ ] 42 鳴 [ ]

43 邊 [ ] 44 普 [ ]

45 攻 [ ] 46 崇 [ ]

47 憤 [ ] 48 鉛 [ ]

49 適 [ ] 50 祕 [ ]

51 職 [ ] 52 移 [ ]

03 다음 單語의 同音異義語를 漢字로 쓰되, 제시된 뜻에 맞추시오. 53~59번

53 (冬至) – [ ] : 움직임과 멈춤.

54 (招待) – [ ] : 첫 번째에 해당하는 자리.

55 (肉聲) – [ ] : 길러서 자라게 함.

56 (正圓) – [ ] : 집 안에 있는 뜰이나 꽃밭.

57 (標識) – [ ] : 책의 겉장.

58 (固守) – [ ] : 수가 높거나 매우 뛰어난 사람.

59 (奇智) – [ ] : 군대·탐험대 따위의 활동 근거지.

04 다음 밑줄 친 漢字語를 漢字로 바꾸어 쓰시오. 60~64번

60 주요 기사의 줄거리를 <u>요약</u>하였다. ………… [ ]

61 대지진이 정국 불안의 <u>악재</u>로 작용하였다. ………… [ ]

62 이해되지 않은 채 단순히 <u>주입</u>된 지식은 오래가지 않는다. ………… [ ]

63 침몰한 배의 선원 모두 무사히 <u>구명</u>되었다. ………… [ ]

64 산지에서 직거래하여 <u>유통</u> 과정을 줄였다. ………… [ ]

05 다음 각 문장의 ( )속에는 적당한 말을 적고, 밑줄 친 단어 중 한글로 기록 된 것은 漢字로 바꾸고, 漢字로 쓰인 것은 그 讀音을 쓰시오. 65~71번

(가) '更'자는 '( )[65] 갱'과 '고칠 ( )[66]'으로 읽히는 一字多音字이다.

(나) <u>難局</u>[67]을 <u>타개</u>[68]하기 위하여 <u>회담</u>[69]을 <u>재개</u>[70]하기로 <u>결정</u>[71]하였다.

65 [ ] 66 [ ]

67 [ ] 68 [ ]

69 [ ] 70 [ ]

71 [ ]

06 다음 빈 칸에 알맞은 漢字를 적어 四字成語를 完成하시오. 72~76번

72 眼下[ ][ ] : 사람이 방자하고 교만하여 남을 업신여김.

73 日暖[ ][ ] : 날씨가 따뜻하고 바람이 부드러움.

74 [ ][ ]應報 : 선악의 인연에 따라 행복과 불행이 있는 일.

75 安分[ ][ ] : 제 분수에 편안히 여기며 만족할 줄을 앎.

76 起死[ ][ ] : 거의 죽을 뻔하다가 다시 살아남.

07 다음 글자와 뜻이 대립되는 漢字를 [ ]에 적어 漢字語를 만드시오. 77~81번

77 [ ] ↔ 舊 78 [ ] ↔ 缺

79 [ ] ↔ 買 80 異 ↔ [ ]

81 [ ] ↔ 背

08 다음 각 글자와 뜻이 비슷한 漢字를 [ ]에 적어 漢字語를 만드시오. 82~86번

82 [ ] – 構 83 貴 – [ ]

84 [ ] – 居 85 委 – [ ]

86 [ ] – 端

09 다음의 訓과 音으로 연결된 單語를 漢字로 쓰시오. 87~89번

| 보기 |

나라 국 – 말씀 어 [國語]

87 나그네 려 – 손 객 [ ]

88 생각 사 – 생각할 고 [ ]

89 허락할 허 – 옳을 가 [ ]

10 다음 漢字의 部首를 쓰시오. 90~92번

90 包 – [ ] 91 致 – [ ]

92 準 – [ ]

11 다음 漢字를 자주 쓰이는 略字로 고쳐 쓰시오. 93~95번

93 醫 – [ ] 94 傳 – [ ]

95 鐵 – [ ]

12 다음 略字를 正字로 고쳐 쓰시오. 96~97번

96 実 – [ ] 97 当 – [ ]

13 다음 漢字語 중 첫 音節이 길게 發音되는 單語 3개를 골라 그 번호를 쓰시오. 98~100번

| 보기 |

① 緣由 ② 是認 ③ 鮮明 ④ 謝罪
⑤ 孤立 ⑥ 傑作 ⑦ 納稅 ⑧ 祭器

98 [ ] 99 [ ]

100 [ ]

■ 사단법인 한국어문회 401 ■

수험번호 □□□-□□-□□□□□ 성명 □□□□□

생년월일 □□□□□□ ※ 주민등록번호 앞 6자리 숫자를 기입하십시오. ※ 성명은 한글로 작성
※ 필기구는 검정색 볼펜만 가능

※ 답안지는 컴퓨터로 처리되므로 구기거나 더럽히지 마시고, 정답 칸 안에만 쓰십시오.
글씨가 채점란으로 들어오면 오답처리가 됩니다.

전국한자능력검정시험 4급 답안지(1) (시험시간:50분)

답안란		채점란		답안란		채점란		답안란		채점란	
번호	정답	1검	2검	번호	정답	1검	2검	번호	정답	1검	2검
1				17				33			
2				18				34			
3				19				35			
4				20				36			
5				21				37			
6				22				38			
7				23				39			
8				24				40			
9				25				41			
10				26				42			
11				27				43			
12				28				44			
13				29				45			
14				30				46			
15				31				47			
16				32				48			

감독위원	채점위원(1)		채점위원(2)		채점위원(3)	
(서명)	(득점)	(서명)	(득점)	(서명)	(득점)	(서명)

■ ※뒷면으로 이어짐 ■

※ 답안지는 컴퓨터로 처리되므로 구기거나 더럽히지 마시고, 정답 칸 안에만 쓰십시오. 글씨가 채점란으로 들어오면 오답처리가 됩니다.

전국한자능력검정시험 4급 답안지(2)

답안란		채점란		답안란		채점란		답안란		채점란	
번호	정답	1검	2검	번호	정답	1검	2검	번호	정답	1검	2검
49				67				85			
50				68				86			
51				69				87			
52				70				88			
53				71				89			
54				72				90			
55				73				91			
56				74				92			
57				75				93			
58				76				94			
59				77				95			
60				78				96			
61				79				97			
62				80				98			
63				81				99			
64				82				100			
65				83							
66				84							

■ 사단법인 한국어문회 401 ■

수험번호 □□□-□□-□□□□□ 성명 □□□□□

생년월일 □□□□□□ ※ 주민등록번호 앞 6자리 숫자를 기입하십시오. ※ 성명은 한글로 작성
※ 필기구는 검정색 볼펜만 가능

※ 답안지는 컴퓨터로 처리되므로 구기거나 더럽히지 마시고, 정답 칸 안에만 쓰십시오.
글씨가 채점란으로 들어오면 오답처리가 됩니다.

전국한자능력검정시험 4급 답안지(1) (시험시간:50분)

답안란		채점란		답안란		채점란		답안란		채점란	
번호	정답	1검	2검	번호	정답	1검	2검	번호	정답	1검	2검
1				17				33			
2				18				34			
3				19				35			
4				20				36			
5				21				37			
6				22				38			
7				23				39			
8				24				40			
9				25				41			
10				26				42			
11				27				43			
12				28				44			
13				29				45			
14				30				46			
15				31				47			
16				32				48			

감독위원	채점위원(1)		채점위원(2)		채점위원(3)	
(서명)	(득점)	(서명)	(득점)	(서명)	(득점)	(서명)

■ ※뒷면으로 이어짐 ■

※ 답안지는 컴퓨터로 처리되므로 구기거나 더럽히지 마시고, 정답 칸 안에만 쓰십시오. 글씨가 채점란으로 들어오면 오답처리가 됩니다.

전국한자능력검정시험 4급 답안지(2)

답안란		채점란		답안란		채점란		답안란		채점란	
번호	정답	1검	2검	번호	정답	1검	2검	번호	정답	1검	2검
49				67				85			
50				68				86			
51				69				87			
52				70				88			
53				71				89			
54				72				90			
55				73				91			
56				74				92			
57				75				93			
58				76				94			
59				77				95			
60				78				96			
61				79				97			
62				80				98			
63				81				99			
64				82				100			
65				83							
66				84							

■ 사단법인 한국어문회 401 ■

수험번호 □□□-□□-□□□□□ 성명 □□□□□

생년월일 □□□□□□ ※ 주민등록번호 앞 6자리 숫자를 기입하십시오. ※ 성명은 한글로 작성
※ 필기구는 검정색 볼펜만 가능

※ 답안지는 컴퓨터로 처리되므로 구기거나 더럽히지 마시고, 정답 칸 안에만 쓰십시오.
글씨가 채점란으로 들어오면 오답처리가 됩니다.

전국한자능력검정시험 4급 답안지(1) (시험시간:50분)

답안란		채점란		답안란		채점란		답안란		채점란	
번호	정답	1검	2검	번호	정답	1검	2검	번호	정답	1검	2검
1				17				33			
2				18				34			
3				19				35			
4				20				36			
5				21				37			
6				22				38			
7				23				39			
8				24				40			
9				25				41			
10				26				42			
11				27				43			
12				28				44			
13				29				45			
14				30				46			
15				31				47			
16				32				48			

감독위원	채점위원(1)		채점위원(2)		채점위원(3)	
(서명)	(득점)	(서명)	(득점)	(서명)	(득점)	(서명)

※뒷면으로 이어짐

※ 답안지는 컴퓨터로 처리되므로 구기거나 더럽히지 마시고, 정답 칸 안에만 쓰십시오. 글씨가 채점란으로 들어오면 오답처리가 됩니다.

전국한자능력검정시험 4급 답안지(2)

답안란		채점란		답안란		채점란		답안란		채점란	
번호	정답	1검	2검	번호	정답	1검	2검	번호	정답	1검	2검
49				67				85			
50				68				86			
51				69				87			
52				70				88			
53				71				89			
54				72				90			
55				73				91			
56				74				92			
57				75				93			
58				76				94			
59				77				95			
60				78				96			
61				79				97			
62				80				98			
63				81				99			
64				82				100			
65				83							
66				84							

■ 사단법인 한국어문회 4 0 1 ■

수험번호 □□□-□□-□□□□□ 성명 □□□□□

생년월일 □□□□□□ ※ 주민등록번호 앞 6자리 숫자를 기입하십시오. ※ 성명은 한글로 작성
※ 필기구는 검정색 볼펜만 가능

※ 답안지는 컴퓨터로 처리되므로 구기거나 더럽히지 마시고, 정답 칸 안에만 쓰십시오.
글씨가 채점란으로 들어오면 오답처리가 됩니다.

전국한자능력검정시험 4급 답안지(1) (시험시간:50분)

답안란		채점란		답안란		채점란		답안란		채점란	
번호	정답	1검	2검	번호	정답	1검	2검	번호	정답	1검	2검
1				17				33			
2				18				34			
3				19				35			
4				20				36			
5				21				37			
6				22				38			
7				23				39			
8				24				40			
9				25				41			
10				26				42			
11				27				43			
12				28				44			
13				29				45			
14				30				46			
15				31				47			
16				32				48			

감독위원	채점위원(1)		채점위원(2)		채점위원(3)	
(서명)	(득점)	(서명)	(득점)	(서명)	(득점)	(서명)

■ ※뒷면으로 이어짐 ■

※ 답안지는 컴퓨터로 처리되므로 구기거나 더럽히지 마시고, 정답 칸 안에만 쓰십시오. 글씨가 채점란으로 들어오면 오답처리가 됩니다.

전국한자능력검정시험 4급 답안지(2)

답안란		채점란		답안란		채점란		답안란		채점란	
번호	정답	1검	2검	번호	정답	1검	2검	번호	정답	1검	2검
49				67				85			
50				68				86			
51				69				87			
52				70				88			
53				71				89			
54				72				90			
55				73				91			
56				74				92			
57				75				93			
58				76				94			
59				77				95			
60				78				96			
61				79				97			
62				80				98			
63				81				99			
64				82				100			
65				83							
66				84							

수험번호 □□□-□□-□□□□□ 성명 □□□□□

생년월일 □□□□□□ ※ 주민등록번호 앞 6자리 숫자를 기입하십시오. ※ 성명은 한글로 작성
※ 필기구는 검정색 볼펜만 가능

※ 답안지는 컴퓨터로 처리되므로 구기거나 더럽히지 마시고, 정답 칸 안에만 쓰십시오.
글씨가 채점란으로 들어오면 오답처리가 됩니다.

전국한자능력검정시험 4급 답안지(1) (시험시간:50분)

답안란		채점란		답안란		채점란		답안란		채점란	
번호	정답	1검	2검	번호	정답	1검	2검	번호	정답	1검	2검
1				17				33			
2				18				34			
3				19				35			
4				20				36			
5				21				37			
6				22				38			
7				23				39			
8				24				40			
9				25				41			
10				26				42			
11				27				43			
12				28				44			
13				29				45			
14				30				46			
15				31				47			
16				32				48			

감독위원	채점위원(1)		채점위원(2)		채점위원(3)	
(서명)	(득점)	(서명)	(득점)	(서명)	(득점)	(서명)

※뒷면으로 이어짐

※ 답안지는 컴퓨터로 처리되므로 구기거나 더럽히지 마시고, 정답 칸 안에만 쓰십시오. 글씨가 채점란으로 들어오면 오답처리가 됩니다.

전국한자능력검정시험 4급 답안지(2)

답안란		채점란		답안란		채점란		답안란		채점란	
번호	정답	1검	2검	번호	정답	1검	2검	번호	정답	1검	2검
49				67				85			
50				68				86			
51				69				87			
52				70				88			
53				71				89			
54				72				90			
55				73				91			
56				74				92			
57				75				93			
58				76				94			
59				77				95			
60				78				96			
61				79				97			
62				80				98			
63				81				99			
64				82				100			
65				83							
66				84							

■ ■

■ 사단법인 한국어문회 401 ■

수험번호 □□□-□□-□□□□□ 성명 □□□□□

생년월일 □□□□□□ ※ 주민등록번호 앞 6자리 숫자를 기입하십시오. ※ 성명은 한글로 작성
※ 필기구는 검정색 볼펜만 가능

※ 답안지는 컴퓨터로 처리되므로 구기거나 더럽히지 마시고, 정답 칸 안에만 쓰십시오.
글씨가 채점란으로 들어오면 오답처리가 됩니다.

전국한자능력검정시험 4급 답안지(1) (시험시간:50분)

답안란		채점란		답안란		채점란		답안란		채점란	
번호	정답	1검	2검	번호	정답	1검	2검	번호	정답	1검	2검
1				17				33			
2				18				34			
3				19				35			
4				20				36			
5				21				37			
6				22				38			
7				23				39			
8				24				40			
9				25				41			
10				26				42			
11				27				43			
12				28				44			
13				29				45			
14				30				46			
15				31				47			
16				32				48			

감독위원	채점위원(1)		채점위원(2)		채점위원(3)	
(서명)	(득점)	(서명)	(득점)	(서명)	(득점)	(서명)

■ ※뒷면으로 이어짐 ■

※ 답안지는 컴퓨터로 처리되므로 구기거나 더럽히지 마시고, 정답 칸 안에만 쓰십시오. 글씨가 채점란으로 들어오면 오답처리가 됩니다.

전국한자능력검정시험 4급 답안지(2)

답안란		채점란		답안란		채점란		답안란		채점란	
번호	정답	1검	2검	번호	정답	1검	2검	번호	정답	1검	2검
49				67				85			
50				68				86			
51				69				87			
52				70				88			
53				71				89			
54				72				90			
55				73				91			
56				74				92			
57				75				93			
58				76				94			
59				77				95			
60				78				96			
61				79				97			
62				80				98			
63				81				99			
64				82				100			
65				83							
66				84							

■ ■

■ 사단법인 한국어문회 4 0 1 ■

수험번호 □□□-□□-□□□□□ 성명 □□□□□

생년월일 □□□□□□ ※ 주민등록번호 앞 6자리 숫자를 기입하십시오. ※ 성명은 한글로 작성
※ 필기구는 검정색 볼펜만 가능

※ 답안지는 컴퓨터로 처리되므로 구기거나 더럽히지 마시고, 정답 칸 안에만 쓰십시오.
글씨가 채점란으로 들어오면 오답처리가 됩니다.

전국한자능력검정시험 4급 답안지(1) (시험시간:50분)

답안란		채점란		답안란		채점란		답안란		채점란	
번호	정답	1검	2검	번호	정답	1검	2검	번호	정답	1검	2검
1				17				33			
2				18				34			
3				19				35			
4				20				36			
5				21				37			
6				22				38			
7				23				39			
8				24				40			
9				25				41			
10				26				42			
11				27				43			
12				28				44			
13				29				45			
14				30				46			
15				31				47			
16				32				48			

감독위원	채점위원(1)		채점위원(2)		채점위원(3)	
(서명)	(득점)	(서명)	(득점)	(서명)	(득점)	(서명)

■ ※뒷면으로 이어짐 ■

※ 답안지는 컴퓨터로 처리되므로 구기거나 더럽히지 마시고, 정답 칸 안에만 쓰십시오. 글씨가 채점란으로 들어오면 오답처리가 됩니다.

전국한자능력검정시험 4급 답안지(2)

답안란		채점란		답안란		채점란		답안란		채점란	
번호	정답	1검	2검	번호	정답	1검	2검	번호	정답	1검	2검
49				67				85			
50				68				86			
51				69				87			
52				70				88			
53				71				89			
54				72				90			
55				73				91			
56				74				92			
57				75				93			
58				76				94			
59				77				95			
60				78				96			
61				79				97			
62				80				98			
63				81				99			
64				82				100			
65				83							
66				84							

■ ■

■ 사단법인 한국어문회 401

수험번호 □□□-□□-□□□□ 성명 □□□□□

생년월일 □□□□□□ ※ 주민등록번호 앞 6자리 숫자를 기입하십시오. ※ 성명은 한글로 작성
※ 필기구는 검정색 볼펜만 가능

※ 답안지는 컴퓨터로 처리되므로 구기거나 더럽히지 마시고, 정답 칸 안에만 쓰십시오.
글씨가 채점란으로 들어오면 오답처리가 됩니다.

전국한자능력검정시험 4급 답안지(1) (시험시간:50분)

답안란		채점란		답안란		채점란		답안란		채점란	
번호	정답	1검	2검	번호	정답	1검	2검	번호	정답	1검	2검
1				17				33			
2				18				34			
3				19				35			
4				20				36			
5				21				37			
6				22				38			
7				23				39			
8				24				40			
9				25				41			
10				26				42			
11				27				43			
12				28				44			
13				29				45			
14				30				46			
15				31				47			
16				32				48			

감독위원	채점위원(1)		채점위원(2)		채점위원(3)	
(서명)	(득점)	(서명)	(득점)	(서명)	(득점)	(서명)

※뒷면으로 이어짐

■ 사단법인 한국어문회 4 0 2 ■

※ 답안지는 컴퓨터로 처리되므로 구기거나 더럽히지 마시고, 정답 칸 안에만 쓰십시오. 글씨가 채점란으로 들어오면 오답처리가 됩니다.

전국한자능력검정시험 4급 답안지(2)

답안란		채점란		답안란		채점란		답안란		채점란	
번호	정답	1검	2검	번호	정답	1검	2검	번호	정답	1검	2검
49				67				85			
50				68				86			
51				69				87			
52				70				88			
53				71				89			
54				72				90			
55				73				91			
56				74				92			
57				75				93			
58				76				94			
59				77				95			
60				78				96			
61				79				97			
62				80				98			
63				81				99			
64				82				100			
65				83							
66				84							

■ ■

■ 사단법인 한국어문회 401 ■

수험번호 □□□-□□-□□□□□ 성명 □□□□□

생년월일 □□□□□□ ※ 주민등록번호 앞 6자리 숫자를 기입하십시오. ※ 성명은 한글로 작성
※ 필기구는 검정색 볼펜만 가능

※ 답안지는 컴퓨터로 처리되므로 구기거나 더럽히지 마시고, 정답 칸 안에만 쓰십시오.
글씨가 채점란으로 들어오면 오답처리가 됩니다.

전국한자능력검정시험 4급 답안지(1) (시험시간:50분)

답안란		채점란		답안란		채점란		답안란		채점란	
번호	정답	1검	2검	번호	정답	1검	2검	번호	정답	1검	2검
1				17				33			
2				18				34			
3				19				35			
4				20				36			
5				21				37			
6				22				38			
7				23				39			
8				24				40			
9				25				41			
10				26				42			
11				27				43			
12				28				44			
13				29				45			
14				30				46			
15				31				47			
16				32				48			

감독위원	채점위원(1)		채점위원(2)		채점위원(3)	
(서명)	(득점)	(서명)	(득점)	(서명)	(득점)	(서명)

※뒷면으로 이어짐

■ 사단법인 한국어문회 4 0 2 ■

※ 답안지는 컴퓨터로 처리되므로 구기거나 더럽히지 마시고, 정답 칸 안에만 쓰십시오. 글씨가 채점란으로 들어오면 오답처리가 됩니다.

전국한자능력검정시험 4급 답안지(2)

답안란		채점란		답안란		채점란		답안란		채점란	
번호	정답	1검	2검	번호	정답	1검	2검	번호	정답	1검	2검
49				67				85			
50				68				86			
51				69				87			
52				70				88			
53				71				89			
54				72				90			
55				73				91			
56				74				92			
57				75				93			
58				76				94			
59				77				95			
60				78				96			
61				79				97			
62				80				98			
63				81				99			
64				82				100			
65				83							
66				84							

■ ■

■ 사단법인 한국어문회 401 ■

수험번호 □□□-□□-□□□□□ 성명 □□□□□

생년월일 □□□□□□ ※ 주민등록번호 앞 6자리 숫자를 기입하십시오. ※ 성명은 한글로 작성
※ 필기구는 검정색 볼펜만 가능

※ 답안지는 컴퓨터로 처리되므로 구기거나 더럽히지 마시고, 정답 칸 안에만 쓰십시오.
글씨가 채점란으로 들어오면 오답처리가 됩니다.

전국한자능력검정시험 4급 답안지(1) (시험시간:50분)

답안란		채점란		답안란		채점란		답안란		채점란	
번호	정답	1검	2검	번호	정답	1검	2검	번호	정답	1검	2검
1				17				33			
2				18				34			
3				19				35			
4				20				36			
5				21				37			
6				22				38			
7				23				39			
8				24				40			
9				25				41			
10				26				42			
11				27				43			
12				28				44			
13				29				45			
14				30				46			
15				31				47			
16				32				48			

감독위원	채점위원(1)		채점위원(2)		채점위원(3)	
(서명)	(득점)	(서명)	(득점)	(서명)	(득점)	(서명)

※뒷면으로 이어짐

※ 답안지는 컴퓨터로 처리되므로 구기거나 더럽히지 마시고, 정답 칸 안에만 쓰십시오. 글씨가 채점란으로 들어오면 오답처리가 됩니다.

전국한자능력검정시험 4급 답안지(2)

답안란		채점란		답안란		채점란		답안란		채점란	
번호	정답	1검	2검	번호	정답	1검	2검	번호	정답	1검	2검
49				67				85			
50				68				86			
51				69				87			
52				70				88			
53				71				89			
54				72				90			
55				73				91			
56				74				92			
57				75				93			
58				76				94			
59				77				95			
60				78				96			
61				79				97			
62				80				98			
63				81				99			
64				82				100			
65				83							
66				84							

■ 사단법인 한국어문회 401 ■

수험번호 □□□-□□-□□□□□ 성명 □□□□□

생년월일 □□□□□□ ※ 주민등록번호 앞 6자리 숫자를 기입하십시오. ※ 성명은 한글로 작성
※ 필기구는 검정색 볼펜만 가능

※ 답안지는 컴퓨터로 처리되므로 구기거나 더럽히지 마시고, 정답 칸 안에만 쓰십시오.
글씨가 채점란으로 들어오면 오답처리가 됩니다.

전국한자능력검정시험 4급 답안지(1) (시험시간:50분)

답안란		채점란		답안란		채점란		답안란		채점란	
번호	정답	1검	2검	번호	정답	1검	2검	번호	정답	1검	2검
1				17				33			
2				18				34			
3				19				35			
4				20				36			
5				21				37			
6				22				38			
7				23				39			
8				24				40			
9				25				41			
10				26				42			
11				27				43			
12				28				44			
13				29				45			
14				30				46			
15				31				47			
16				32				48			

감독위원	채점위원(1)		채점위원(2)		채점위원(3)	
(서명)	(득점)	(서명)	(득점)	(서명)	(득점)	(서명)

※뒷면으로 이어짐

※ 답안지는 컴퓨터로 처리되므로 구기거나 더럽히지 마시고, 정답 칸 안에만 쓰십시오. 글씨가 채점란으로 들어오면 오답처리가 됩니다.

전국한자능력검정시험 4급 답안지(2)

답안란		채점란		답안란		채점란		답안란		채점란	
번호	정답	1검	2검	번호	정답	1검	2검	번호	정답	1검	2검
49				67				85			
50				68				86			
51				69				87			
52				70				88			
53				71				89			
54				72				90			
55				73				91			
56				74				92			
57				75				93			
58				76				94			
59				77				95			
60				78				96			
61				79				97			
62				80				98			
63				81				99			
64				82				100			
65				83							
66				84							

■ 사단법인 한국어문회 　　　　　　　　　　　　　　　　　　　　　　　　　　　　　401 ■

수험번호 □□□-□□-□□□□□ 　　　　　　　　　성명 □□□□□

생년월일 □□□□□□ ※ 주민등록번호 앞 6자리 숫자를 기입하십시오. ※ 성명은 한글로 작성
※ 필기구는 검정색 볼펜만 가능

※ 답안지는 컴퓨터로 처리되므로 구기거나 더럽히지 마시고, 정답 칸 안에만 쓰십시오.
글씨가 채점란으로 들어오면 오답처리가 됩니다.

전국한자능력검정시험 4급 답안지(1) (시험시간:50분)

답안란		채점란		답안란		채점란		답안란		채점란	
번호	정답	1검	2검	번호	정답	1검	2검	번호	정답	1검	2검
1				17				33			
2				18				34			
3				19				35			
4				20				36			
5				21				37			
6				22				38			
7				23				39			
8				24				40			
9				25				41			
10				26				42			
11				27				43			
12				28				44			
13				29				45			
14				30				46			
15				31				47			
16				32				48			

감독위원	채점위원(1)		채점위원(2)		채점위원(3)	
(서명)	(득점)	(서명)	(득점)	(서명)	(득점)	(서명)

■ 　　　　　　　　　　　　　　　　　　　　　　　　　　　　※뒷면으로 이어짐 ■

■ 사단법인 한국어문회 402 ■

※ 답안지는 컴퓨터로 처리되므로 구기거나 더럽히지 마시고, 정답 칸 안에만 쓰십시오. 글씨가 채점란으로 들어오면 오답처리가 됩니다.

전국한자능력검정시험 4급 답안지(2)

답안란		채점란		답안란		채점란		답안란		채점란	
번호	정답	1검	2검	번호	정답	1검	2검	번호	정답	1검	2검
49				67				85			
50				68				86			
51				69				87			
52				70				88			
53				71				89			
54				72				90			
55				73				91			
56				74				92			
57				75				93			
58				76				94			
59				77				95			
60				78				96			
61				79				97			
62				80				98			
63				81				99			
64				82				100			
65				83							
66				84							

■ ■

수험번호 □□□-□□-□□□□□ 성명 □□□□□

생년월일 □□□□□□ ※ 주민등록번호 앞 6자리 숫자를 기입하십시오. ※ 성명은 한글로 작성
※ 필기구는 검정색 볼펜만 가능

※ 답안지는 컴퓨터로 처리되므로 구기거나 더럽히지 마시고, 정답 칸 안에만 쓰십시오.
글씨가 채점란으로 들어오면 오답처리가 됩니다.

전국한자능력검정시험 4급 답안지(1) (시험시간:50분)

답안란		채점란		답안란		채점란		답안란		채점란	
번호	정답	1검	2검	번호	정답	1검	2검	번호	정답	1검	2검
1				17				33			
2				18				34			
3				19				35			
4				20				36			
5				21				37			
6				22				38			
7				23				39			
8				24				40			
9				25				41			
10				26				42			
11				27				43			
12				28				44			
13				29				45			
14				30				46			
15				31				47			
16				32				48			

감독위원	채점위원(1)		채점위원(2)		채점위원(3)	
(서명)	(득점)	(서명)	(득점)	(서명)	(득점)	(서명)

■ ※뒷면으로 이어짐 ■

※ 답안지는 컴퓨터로 처리되므로 구기거나 더럽히지 마시고, 정답 칸 안에만 쓰십시오. 글씨가 채점란으로 들어오면 오답처리가 됩니다.

전국한자능력검정시험 4급 답안지(2)

답안란		채점란		답안란		채점란		답안란		채점란	
번호	정답	1검	2검	번호	정답	1검	2검	번호	정답	1검	2검
49				67				85			
50				68				86			
51				69				87			
52				70				88			
53				71				89			
54				72				90			
55				73				91			
56				74				92			
57				75				93			
58				76				94			
59				77				95			
60				78				96			
61				79				97			
62				80				98			
63				81				99			
64				82				100			
65				83							
66				84							

■ ■

■ 사단법인 한국어문회 401 ■

수험번호 □□□-□□-□□□□□ 성명 □□□□□

생년월일 □□□□□□ ※ 주민등록번호 앞 6자리 숫자를 기입하십시오. ※ 성명은 한글로 작성
※ 필기구는 검정색 볼펜만 가능

※ 답안지는 컴퓨터로 처리되므로 구기거나 더럽히지 마시고, 정답 칸 안에만 쓰십시오.
글씨가 채점란으로 들어오면 오답처리가 됩니다.

전국한자능력검정시험 4급 답안지(1) (시험시간:50분)

답안란		채점란		답안란		채점란		답안란		채점란	
번호	정답	1검	2검	번호	정답	1검	2검	번호	정답	1검	2검
1				17				33			
2				18				34			
3				19				35			
4				20				36			
5				21				37			
6				22				38			
7				23				39			
8				24				40			
9				25				41			
10				26				42			
11				27				43			
12				28				44			
13				29				45			
14				30				46			
15				31				47			
16				32				48			

감독위원	채점위원(1)		채점위원(2)		채점위원(3)	
(서명)	(득점)	(서명)	(득점)	(서명)	(득점)	(서명)

※뒷면으로 이어짐

※ 답안지는 컴퓨터로 처리되므로 구기거나 더럽히지 마시고, 정답 칸 안에만 쓰십시오. 글씨가 채점란으로 들어오면 오답처리가 됩니다.

전국한자능력검정시험 4급 답안지(2)

답안란		채점란		답안란		채점란		답안란		채점란	
번호	정답	1검	2검	번호	정답	1검	2검	번호	정답	1검	2검
49				67				85			
50				68				86			
51				69				87			
52				70				88			
53				71				89			
54				72				90			
55				73				91			
56				74				92			
57				75				93			
58				76				94			
59				77				95			
60				78				96			
61				79				97			
62				80				98			
63				81				99			
64				82				100			
65				83							
66				84							

■ 사단법인 한국어문회 4 0 1 ■

수험번호 □□□-□□-□□□□□ 성명 □□□□□

생년월일 □□□□□□ ※ 주민등록번호 앞 6자리 숫자를 기입하십시오. ※ 성명은 한글로 작성
※ 필기구는 검정색 볼펜만 가능

※ 답안지는 컴퓨터로 처리되므로 구기거나 더럽히지 마시고, 정답 칸 안에만 쓰십시오.
글씨가 채점란으로 들어오면 오답처리가 됩니다.

전국한자능력검정시험 4급 답안지(1) (시험시간:50분)

답안란		채점란		답안란		채점란		답안란		채점란	
번호	정답	1검	2검	번호	정답	1검	2검	번호	정답	1검	2검
1				17				33			
2				18				34			
3				19				35			
4				20				36			
5				21				37			
6				22				38			
7				23				39			
8				24				40			
9				25				41			
10				26				42			
11				27				43			
12				28				44			
13				29				45			
14				30				46			
15				31				47			
16				32				48			

감독위원	채점위원(1)		채점위원(2)		채점위원(3)	
(서명)	(득점)	(서명)	(득점)	(서명)	(득점)	(서명)

■ ※뒷면으로 이어짐 ■

※ 답안지는 컴퓨터로 처리되므로 구기거나 더럽히지 마시고, 정답 칸 안에만 쓰십시오. 글씨가 채점란으로 들어오면 오답처리가 됩니다.

전국한자능력검정시험 4급 답안지(2)

답안란		채점란		답안란		채점란		답안란		채점란	
번호	정답	1검	2검	번호	정답	1검	2검	번호	정답	1검	2검
49				67				85			
50				68				86			
51				69				87			
52				70				88			
53				71				89			
54				72				90			
55				73				91			
56				74				92			
57				75				93			
58				76				94			
59				77				95			
60				78				96			
61				79				97			
62				80				98			
63				81				99			
64				82				100			
65				83							
66				84							

■ 사단법인 한국어문회 401 ■

수험번호 □□□-□□-□□□□□ 성명 □□□□□

생년월일 □□□□□□ ※ 주민등록번호 앞 6자리 숫자를 기입하십시오. ※ 성명은 한글로 작성
※ 필기구는 검정색 볼펜만 가능

※ 답안지는 컴퓨터로 처리되므로 구기거나 더럽히지 마시고, 정답 칸 안에만 쓰십시오.
글씨가 채점란으로 들어오면 오답처리가 됩니다.

전국한자능력검정시험 4급 답안지(1) (시험시간:50분)

답안란		채점란		답안란		채점란		답안란		채점란	
번호	정답	1검	2검	번호	정답	1검	2검	번호	정답	1검	2검
1				17				33			
2				18				34			
3				19				35			
4				20				36			
5				21				37			
6				22				38			
7				23				39			
8				24				40			
9				25				41			
10				26				42			
11				27				43			
12				28				44			
13				29				45			
14				30				46			
15				31				47			
16				32				48			

감독위원	채점위원(1)		채점위원(2)		채점위원(3)	
(서명)	(득점)	(서명)	(득점)	(서명)	(득점)	(서명)

■ ※뒷면으로 이어짐 ■

※ 답안지는 컴퓨터로 처리되므로 구기거나 더럽히지 마시고, 정답 칸 안에만 쓰십시오. 글씨가 채점란으로 들어오면 오답처리가 됩니다.

전국한자능력검정시험 4급 답안지(2)

답안란		채점란		답안란		채점란		답안란		채점란	
번호	정답	1검	2검	번호	정답	1검	2검	번호	정답	1검	2검
49				67				85			
50				68				86			
51				69				87			
52				70				88			
53				71				89			
54				72				90			
55				73				91			
56				74				92			
57				75				93			
58				76				94			
59				77				95			
60				78				96			
61				79				97			
62				80				98			
63				81				99			
64				82				100			
65				83							
66				84							

(사) 한국어문회 주관

한자능력 검정시험

기출 · 예상문제 4급

1회 ~ 5회

정답과 해설은 184 ~ 191쪽에 있습니다.

01회 한자능력검정시험 4급 기출·예상문제

(사) 한국어문회 주관	
합격문항	70문항
시험시간	50분
정 답	184쪽

01 다음 밑줄 친 漢字語의 讀音을 쓰시오.

01~30번

01 보는 사람들마다 <u>稱讚</u>을 아끼지 않았다. .... [ ]

02 선수들의 체력을 과학적으로 <u>管理</u>하였다. .... [ ]

03 "회의 중에 <u>私談</u>하는 것을 삼가 주십시오." .... [ ]

04 병사들은 동물을 적군으로 <u>誤認</u>하기도 하였다. .... [ ]

05 조각품에서 새로운 생명의 <u>創造</u>를 볼 수 있었다. .... [ ]

06 불상은 둥글고 우아한 얼굴에 다소 <u>嚴肅</u>한 표정을 띠고 있다. .... [ ]

07 자연재해를 입은 주민들을 <u>慰勞</u>하였다. .... [ ]

08 다양한 입맛을 <u>考慮</u>하여 여러 가지 음식을 장만하였다. .... [ ]

09 안개는 출근 시간에 교통 <u>混雜</u>을 일으켰다. .... [ ]

10 유용한 정보들을 새로운 아이디어 개발에 <u>積極</u> 활용하였다. ..... [ ]

11 우리팀은 최대 문제점으로 늘 <u>守備</u> 불안이 지적되었다. .... [ ]

12 소년의 지극한 <u>孝誠</u>에 하늘도 감동하였다. .... [ ]

13 산간 지역은 겨울철 폭설로 인해 교통 <u>統制</u>가 잦다. .... [ ]

14 허위사실을 퍼뜨린 것에 대하여 <u>應分</u>의 조치를 할 것이다. .... [ ]

15 옳지 못한 사실에 대하여 날카로운 <u>批評</u>을 가하였다. .... [ ]

16 개요 작성은 글쓰기의 진행 <u>過程</u>을 좌우한다. .... [ ]

17 오랜 기간 정성과 솜씨를 기울여 <u>藝術</u>의 경지로 나아갔다. ...... [ ]

18 학생들의 복장과 <u>頭髮</u>을 자유화하기로 결정했다. .... [ ]

19 청중이 무대를 향해 앉을 수 있도록 좌석을 <u>配置</u>하였다. .... [ ]

20 과거에 급제하여 <u>官職</u>에 오르게 되었다. .... [ ]

21 주민의 대부분이 농업에 <u>從事</u>하였다. .... [ ]

22 옛 우리 의복은 '<u>儉朴</u>한 옷'을 규범으로 삼았다. .... [ ]

23 그의 작품은 사소한 일들에 대한 <u>細密</u>한 묘사가 두드러진다. .... [ ]

24 그는 <u>逆賊</u>을 토벌하다가 순국하였다. .... [ ]

25 그들은 반대파의 모함을 받아 <u>困境</u>에 빠졌다. .... [ ]

26 자신의 잘못에 대해 <u>痛恨</u>의 눈물을 쏟았다. .... [ ]

27 꿈과 <u>未來</u>를 향해 도전하는 젊음의 기상을 표현하였다. .... [ ]

28 승리한 선수들은 얼싸안고 **感激**의 눈물을 흘렸다. ………………… [ ]

29 장단과 가락이 **絶妙**하여 듣는 사람의 가슴을 파고들었다. ……… [ ]

30 전망대에 오르니 눈 덮인 **市街地**가 한눈에 내려다보였다. ………… [ ]

02 다음 밑줄 친 漢字語를 漢字로 바꾸어 쓰시오.

31~52번

31 무궁화에는 우리의 **민족**정신이 깃들어 있다. ………………………………… [ ]

32 별기군은 **급료**를 비롯한 모든 대우가 구식 군대보다 좋았다. …… [ ]

33 신재생 에너지 기술은 날이 갈수록 **발전**하고 있다. ………………… [ ]

34 **영토**를 지키기 위해 성벽을 쌓았다. ………………………………… [ ]

35 졸업생들은 **식장**에 모여 북장단에 맞춰 노래를 불렀다. …………… [ ]

36 가을걷이가 끝난 **농촌**의 풍경은 한가롭게 느껴졌다. ……………… [ ]

37 오지마을에 **봉사** 활동을 다녀온 소감을 발표하였다. ……………… [ ]

38 의료 활동을 하면서 **환자**들을 헌신적으로 돌보았다. ……………… [ ]

39 고난을 극복하는 **인간** 승리의 모습을 잔잔하게 전달하였다. …… [ ]

40 학생들에게 도전 정신을 심어주어 **용기**를 잃지 않게 하였다. …… [ ]

41 작가는 노쇠하여 **병고**에 시달리면서도 작업을 멈추지 않았다. ‥ [ ]

42 수확량이 크게 줄어들어 시장 **가격**이 많이 올랐다. ………………… [ ]

43 자격루는 **역사**에 길이 남을 위대한 발명품이다. ……………………… [ ]

44 스스로 누군가의 좋은 **친구**가 되도록 노력해야 한다. ……………… [ ]

45 그는 참된 용기와 기개를 가진 의로운 전쟁 **영웅**이다. ……………… [ ]

46 시장 경제를 이끄는 가장 기본적인 원리는 자유와 **경쟁**이다. …… [ ]

47 백일을 맞이한 아기의 장래를 **축복**해 주었다. ……………………… [ ]

48 강을 가로지른 다리는 **외형**이 자연스러운 곡선을 이루었다. …… [ ]

49 좋아하는 현상이 전염병처럼 **급속**하게 퍼져나가는 것을 '신드롬'이라고 한다. ………………………………… [ ]

50 관리자는 투철한 사명감과 **책임**의식을 가지고 안전 상태를 확인하였다. ………………………………… [ ]

51 학교를 세워 인재를 육성하고 **근대화**를 이끌어 나갔다. ………… [ ]

52 인간의 **도덕성**을 계발시키는 것을 교육의 목표로 삼았다. ……… [ ]

03 위 문제에 나온 다음 漢字語 중 첫 音節이 길게 발음되는 單語 셋을 골라 그 번호를 쓰시오.

53~55번

| 보기 |

① 책임 ② 批評 ③ 가격 ④ 친구 ⑤ 管理
⑥ 困境 ⑦ 從事 ⑧ 官職 ⑨ 統制 ⑩ 守備

53 [ ] 54 [ ]
55 [ ]

04 다음 漢字의 訓과 音을쓰시오.

56~74번

56 覽 [ ] 57 探 [ ]

58 拍 [ ] 59 抗 [ ]
60 鳴 [ ] 61 閉 [ ]
62 假 [ ] 63 姿 [ ]
64 討 [ ] 65 辭 [ ]
66 憲 [ ] 67 暖 [ ]
68 採 [ ] 69 盡 [ ]
70 額 [ ] 71 疲 [ ]
72 督 [ ] 73 快 [ ]
74 泉 [ ]

05 다음 漢字를 널리 쓰이는 略字로 고쳐 쓰시오. 75~77번

75 廣 – [ ] 76 寫 – [ ]
77 禮 – [ ]

06 다음 漢字語의 뜻을 쓰시오. 78~80번

78 負商 : [ ]
79 殘在 : [ ]
80 鐵橋 : [ ]

07 다음 밑줄 친 각 글자와 뜻이 같거나 비슷한 漢字를 [ ] 속에 적어 單語를 完成하시오. 81~83번

81 기사는 신문 [ ]端에 실렸다.
82 만 7세 이상 兒[ ]은 학교에 입학한다.
83 원시인들은 동굴에서 居[ ]하였다.

08 다음 각 글자의 反義字, 또는 뜻이 對立되는 漢字를 [ ] 속에 적어 널리 통용되는 單語를 만드시오. 84~86번

84 [ ]↔終 85 溫↔[ ]
86 [ ]↔他

09 다음 漢字의 部首를 쓰시오. 87~89번

87 島 – [ ] 88 宅 – [ ]
89 庭 – [ ]

10 다음 [ ] 안에 알맞은 漢字를 적어 四字成語를 完成하시오. 90~94번

90 離合集[ ] : 모였다가 흩어짐.
91 朝變[ ]改 : 아침저녁으로 뜯어 고치다.
92 百[ ]無益 : 해롭기만 하고 하나도 이로울 것이 없음.
93 甘言利[ ] : 달콤한 말과 이로운 조건을 내세워 꾀는 말.
94 走[ ]看山 : 자세히 살펴보지 않고 겉만을 대충 보는 것을 비유.

11 다음 單語의 同音異義語를 漢字로 쓰되, 제시된 뜻에 맞추시오. 95~97번

95 遊食 – [ ] : 학식이 있다.
96 家臣 – [ ] : 믿을 만하다.
97 明絲 – [ ] : 이름난 선비.

12 다음 글의 [ ] 안에 들어갈 적당한 말을 쓰시오. 98~100번

'洞'자는 '골 동'과 '밝을 [ ][98]'으로 읽히는 글자이다. 그리고 '樂'자는 '즐길 락'과 '노래 [ ][99]', '[ ][100]요'의 세 가지 훈과 음으로 쓰이는 글자이다.

02회 한자능력검정시험 4급 기출·예상문제

(사) 한국어문회 주관	
합격문항	70문항
시험시간	50분
정 답	185쪽

01 다음 밑줄 친 漢字語의 讀音을 쓰시오.

01~30번

01 그를 책임감 있고 <u>誠實</u>한 사람이라고 추천하였다. …………………… [ ]

02 능력보다 무리한 것을 <u>要求</u>하는 것은 바람직하지 않다. ………… [ ]

03 불가사의한 원인을 캐기 위해 <u>硏究</u>에 몰두하고 있다. ……………… [ ]

04 입과 입을 통해서 전해지던 설화를 <u>採錄</u>하였다. ………………………… [ ]

05 입대하였던 삼촌이 처음 <u>休暇</u>를 나왔다. ………………………………… [ ]

06 <u>閑散</u>했던 시골 마을이 귀성 차량으로 북적였다. ………………………… [ ]

07 대원들은 <u>任務</u>를 충실히 마치고 돌아왔다. ………………………………… [ ]

08 인접 지역의 철도역과 <u>連結</u>되는 도로가 발달하였다. ……………… [ ]

09 이번 영화의 <u>主演</u>을 맡으면서 신성으로 떠올랐다. …………………… [ ]

10 지하철과 버스 등 대중교통 <u>體系</u>가 잘 갖추어져 있다. ………… [ ]

11 그의 공연은 관중들에게 아낌없는 <u>拍手</u>를 받았다. …………………… [ ]

12 새로운 <u>世紀</u>를 맞아 새로운 문화의 방향을 탐색하였다. ………… [ ]

13 누구나 꼼꼼하고 깔끔한 <u>程度</u>에는 차이가 있다. ……………………… [ ]

14 가혹한 <u>壓制</u>의 사슬을 끊고 마침내 해방의 날을 맞이하였다. …… [ ]

15 시위 <u>群衆</u>은 평화적인 행진을 벌였다. ……………………………… [ ]

16 재기 넘치는 해설과 <u>達辯</u>으로 시청자들의 인기를 끌었다. ……… [ ]

17 훈민정음 28자 중에서 <u>初聲</u>은 17자이다. ……………………………… [ ]

18 치열했던 경기는 연장전에서 <u>勝負</u>가 가려졌다. ……………………… [ ]

19 적절한 예시를 들어 <u>內容</u>을 쉽게 설명하였다. ……………………………… [ ]

20 선비 정신이야말로 우리가 <u>繼承</u>해 나아갈 민족정신이다. ………… [ ]

21 정성 어린 <u>看護</u>로 어머니는 병을 털고 일어났다. ……………………… [ ]

22 인간 생활에 가치 있게 쓰이는 모든 것들을 '<u>資源</u>'이라고 한다. … [ ]

23 기초를 튼튼히 쌓아야 보다 어려운 <u>段階</u>를 공부할 수 있다. …….. [ ]

24 임금의 신임을 얻어 <u>權勢</u>를 부리다가 결국 유배되고 말았다. …… [ ]

25 그는 타고난 천성이 어질고 순하며 효성이 <u>至極</u>하였다. …………… [ ]

26 예방 <u>接種</u>은 백신을 우리 몸에 넣어 병을 예방하는 것이다. …… [ ]

27 비유를 들어 설명하면 쉽게 <u>理解</u>할 수 있다. ……………………………… [ ]

28 저마다 추억을 담기 위해 사진을 찍느라 餘念이 없었다. ············ [ ]

29 독립운동가로 활동하면서 민족의 自尊心을 일깨웠다. ··················· [ ]

30 바다로 나아간 探險家는 측량에 많은 지식을 갖고 있었다. ········ [ ]

02 다음 밑줄 친 漢字語를 漢字로 바꾸어 쓰시오.

31~52번

31 분쟁을 해결할 방안을 찾기 위해 토의하였다. ································· [ ]

32 은하철도를 타고 우주를 여행하는 상상을 하였다. ······················ [ ]

33 모든 주민이 단합하여 생태마을을 만들었다. ································· [ ]

34 남북간에 민간 교류를 활성화하기로 합의하였다. ······················ [ ]

35 전통사회에서는 삶과 생산, 교육이 통합되어 이루어졌다. ········· [ ]

36 누나는 공모전에 당선하면서 작가로 등단하였다. ······················ [ ]

37 전국 각지에서 온정의 손길이 이어졌다. ································· [ ]

38 그의 뜻은 옳으나 양식 있는 행동이라고 할 수 없다. ··················· [ ]

39 농업과 수공업의 발달은 상업과 도시의 발달을 가져왔다. ········· [ ]

40 호수를 감싸고 있는 눈 덮인 설산들이 파노라마처럼 펼쳐졌다. ···· [ ]

41 삼림의 벌채로 인해 지구의 온실효과가 발생하고 있다. ············ [ ]

42 수해 복구 및 재건을 위해 적극적으로 지원하였다. ······················ [ ]

43 효도와 공손을 가장 중요한 덕목으로 강조했다. ························ [ ]

44 격렬한 전쟁의 포화 속에 무엇 하나 온전한 것이 없었다. ············ [ ]

45 권문세족은 백성들의 토지를 강제로 빼앗아 땅을 넓혔다. ········ [ ]

46 원격탐사위성은 지구 환경에 관련된 많은 분야에 사용되고 있다. · [ ]

47 통일신라 시대의 설화를 발전하여 가전체 소설에까지 이르렀다. ·· [ ]

48 조선시대에 본격적으로 불려진 시조는 신분과 계층에 관계없이 누구나 두루 창작하였다. ························ [ ]

49 그는 학문을 좋아하고 재물에 욕심이 없어 뭇사람의 귀감이 되었다. [ ]

50 우리나라만이 제 글자를 가지고 있지 않다고 하여 한글 자모 28자를 만드셨다. ································· [ ]

51 콜럼버스는 대서양을 서쪽으로 건너가 신대륙을 발견하였다. ···· [ ]

52 도시 속에서 고립되어 살고 있는 현대인의 심정을 표현하였다. ································· [ ]

03 위 문제에 나온 다음 漢字語 중 첫 音節이 길게 발음되는 單語 셋을 골라 그 번호를 쓰시오.

53~55번

| 보기 |

① 接種 ② 初聲 ③ 採錄 ④ 主演 ⑤ 達辯
⑥ 研究 ⑦ 休暇 ⑧ 體系 ⑨ 拍手 ⑩ 繼承

53 [ ] 54 [ ]
55 [ ]

04 다음 漢字의 訓과 音을쓰시오. 56~74번

56 儒 [ ] 57 趣 [ ]

58 邊 [ ] 59 村 [ ]
60 骨 [ ] 61 停 [ ]
62 擊 [ ] 63 屋 [ ]
64 憲 [ ] 65 賣 [ ]
66 鬪 [ ] 67 產 [ ]
68 災 [ ] 69 察 [ ]
70 寫 [ ] 71 篇 [ ]
72 奉 [ ] 73 終 [ ]
74 炭 [ ]

05 다음 漢字를 자주 쓰이는 略字로 고쳐 쓰시오. 75~77번

75 學 – [ ] 76 鐵 – [ ]
77 獨 – [ ]

06 다음 漢字語의 뜻을 쓰시오. 78~80번

78 防火 : [ ]
79 早朝 : [ ]
80 米價 : [ ]

07 다음 밑줄 친 각 글자와 뜻이 같거나 비슷한 漢字를 [ ] 속에 적어 單語를 완성하시오. 81~83번

81 전국의 토지를 測[ ]하였다.
82 기온이 급격하게 [ ]降하고 있다.
83 산에는 이미 봄기운이 [ ]滿하다.

08 다음 각 글자의 反義字, 또는 뜻이 對立되는 漢字를 [ ] 속에 적어 널리 통용되는 單語를 만드시오. 84~86번

84 往 ↔ [ ] 85 [ ] ↔ 害
86 吉 ↔ [ ]

09 다음 漢字의 部首를 쓰시오. 87~89번

87 基 – [ ] 88 景 – [ ]
89 祖 – [ ]

10 다음 [ ] 안에 알맞은 漢字를 적어 四字成語를 完成하시오. 90~94번

90 功[ ]相半 : 공로와 과실이 서로 반반임.
91 信[ ]必罰 : 상과 벌을 공정하고 엄격하게 하다.
92 馬[ ]東風 : 남의 말에 귀를 귀울이지 않고 그냥 흘려버림.
93 不問曲[ ] : 옳고 그른 것을 따져 묻지 않다.
94 秋風落[ ] : 형세나 세력이 갑자기 기울어지거나 흩어지는 모양을 비유.

11 다음 單語의 同音異義語를 漢字로 쓰되, 제시된 뜻에 맞추시오. 95~97번

95 小室 – [ ] : 사라져 없어짐.
96 寺名 – [ ] : 맡겨진 임무.
97 病死 – [ ] : 군인이나 군대.

12 다음 글의 [ ] 안에 들어갈 적당한 말을 쓰시오. 98~100번

'見'자는 '볼 견'과 '뵈올 [ ]98'으로 읽히는 글자이다. 그리고 '經'자는 '글/지날 경'으로 쓰이는 글자로서, '讀經'에서는 '[ ]99경'의 뜻으로, '經歷'에서는 '[ ]100경'의 뜻으로 쓰인다.

03회 한자능력검정시험 4급 기출·예상문제

(사) 한국어문회 주관	
합격문항	70문항
시험시간	50분
정　답	187쪽

01 다음 밑줄 친 漢字語의 讀音을 쓰시오.

01~32번

01 많은 어려움을 정신 武裝 하나로 버티고 있다. [　　]

02 사물의 形態와 명암 위주로 그림을 그렸다. [　　]

03 천막에 누워서 就寢 나팔 소리를 들었다. [　　]

04 과감한 정책으로 經濟개혁이 이루어졌다. [　　]

05 공적인 일을 개인적인 감정으로 處理하면 안 된다. [　　]

06 청소년들에게 세속오계를 가르쳐 높은 의기를 勸奬하였다. [　　]

07 전통은 역사의 推移에 따라 변화된다. [　　]

08 경기는 삼파전의 樣相을 띠었다. [　　]

09 준비가 미흡하여 출국을 延期하였다. [　　]

10 흐름을 거슬러 根源지를 찾아갔다. [　　]

11 계획은 細部 행동에 이르기까지 완벽하게 준비되었다. [　　]

12 그는 매사를 부정적인 視覺으로 바라보았다. [　　]

13 더 많은 독자층을 確保하기 위해 노력했다. [　　]

14 요란한 爆擊소리가 땅을 흔들었다. [　　]

15 내가 이겨내야 할 對象은 바로 나 자신이다. [　　]

16 그는 상대방의 주장에 대해 거짓말이라고 抗辯했다. [　　]

17 농업기술의 革新을 이루었다. [　　]

18 지영이는 요즘 우표 수집에 趣味를 들였다. [　　]

19 어떠한 유혹에도 屈伏하지 않고 신념을 지켰다. [　　]

20 사람들의 개성을 특징짓는 要素는 매우 다양하다. [　　]

21 맹수들은 강자가 약자를 支配하는 약육강식의 논리에 의해 살아간다. [　　]

22 대중문화에 대한 기성인들의 認識이 바뀌고 있다. [　　]

23 남녀의 역할이 점차 變化하고 있다. [　　]

24 그들 부부에게 아이는 둘도 없이 귀중한 存在였다. [　　]

25 국위를 損傷하는 행위는 삼가야 한다. [　　]

26 모든 학문은 진리를 探究한다는 점에서 상통한다. [　　]

27 신제품은 構造가 간단하고 조작도 편리하였다. [　　]

28 그는 지휘자로서 특별한 缺格 사유가 없었다. [　　]

29 그는 엄격한 規律이 느껴지는 해서체를 잘 썼다. [　　]

30 경작 상황을 알기 위해 토지의 넓이를 <u>測量</u>하였다. …………………… [ ]

31 할머니는 정화수를 떠 놓고 <u>派兵</u> 나간 삼촌의 무사를 빌었다. …… [ ]

32 생물이 가진 <u>遺傳的</u> 성질을 이용하여 새로운 품종을 만들었다. … [ ]

02 위 문제에 출제된 다음 漢字語 중 첫 音節이 길게 발음되는 單語 3개를 골라 그 번호를 순서대로 쓰시오. 33~35번

| 보기 |

① 形態	② 根源	③ 對象	④ 抗辯
⑤ 認識	⑥ 損傷	⑦ 構造	⑧ 派兵

33 [ ] 34 [ ]
35 [ ]

03 다음 漢字의 訓과 音을 쓰시오. 36~54번

36 張 [ ] 37 勤 [ ]
38 掃 [ ] 39 劇 [ ]
40 靜 [ ] 41 決 [ ]
42 博 [ ] 43 拒 [ ]
44 擇 [ ] 45 否 [ ]
46 勢 [ ] 47 築 [ ]
48 應 [ ] 49 喜 [ ]
50 到 [ ] 51 聲 [ ]
52 虛 [ ] 53 秋 [ ]
54 骨 [ ]

04 다음 밑줄 친 單語를 漢字[正字]로 바꾸어 쓰시오. 55~74번

55 수도권에 인구가 과다하게 <u>집중</u>되고 있다. …………………………… [ ]

56 설레는 마음을 가다듬고 <u>약속</u> 장소에 나갔다. …………………………… [ ]

57 숨을 깊게 쉬면서 <u>체조</u>를 마무리하였다. …………………………… [ ]

58 지나간 <u>역사</u>를 왜곡하거나 과장해서는 안 된다. …………………… [ ]

59 <u>선거</u> 참여 캠페인을 벌였다. …………………………… [ ]

60 신문에 합격자 <u>발표</u>가 났다. …………………………… [ ]

61 어머니는 <u>물가</u>가 내려가지 않아 걱정을 하신다. …………………… [ ]

62 그는 평등사상과 <u>선악</u>의 대립 등을 이야기했다. …………………… [ ]

63 그는 검소와 절약의 <u>미덕</u>을 지켰다. …………………………… [ ]

64 담당자는 <u>서면</u>으로 답변을 하였다. …………………………… [ ]

65 친절한 안내로 즐거운 <u>여행</u>이 되었다. …………………………… [ ]

66 기념할 만한 책을 엮자는 데에서는 의견이 모두 <u>일치</u>하였다. …… [ ]

67 언론은 일제히 그를 <u>영웅</u>으로 격찬하였다. …………………………… [ ]

68 우리 측은 그 <u>안건</u>을 받아들이기로 결정하였다. …………………… [ ]

69 태풍으로 <u>철도</u>와 교량이 유실되었다. …………………………… [ ]

70 그는 구석진 <u>말석</u>에서 남의 얘기를 듣기만 했다. …………………… [ ]

71 나무들은 완만한 <u>곡선</u>을 그리며 숲을 이루었다. …………………… [ ]

72 동생과 <u>탁구</u> 시합을 하였다. …………………………… [ ]

73 수출이 늘어나면서 <u>경기</u>가 다시 좋아지기 시작했다. ……………… [ ]

74 규정에 따라 금지약물을 <u>복용</u>한 선수는 탈락하였다. ……………… [ ]

05 다음 漢字를 널리 쓰이는 略字로 고쳐 쓰시오. 75~77번

75 萬 – [ ] 76 廣 – [ ]
77 號 – [ ]

06 다음 漢字語의 뜻을 쓰시오. 78~80번

78 模寫 : [ ]
79 松林 : [ ]
80 舌端 : [ ]

07 다음 각 글자와 뜻이 같거나 비슷한 漢字[正字]를 [ ] 속에 적어 글 속의 單語를 完成하시오. 81~83번

81 아군을 [ ]援하고 적들을 섬멸하였다.
82 전시회를 [ ]覽하였다.
83 각자의 일은 스스로 [ ]任져야 한다.

08 다음 각 글자와 뜻이 대립되는 漢字[正字]를 [ ] 속에 적어 글 속의 單語를 完成하시오. 84~86번

84 한 표가 當[ ]을 좌우할 수 있다.
85 그림에서는 [ ]暗으로 입체감을 나타낸다.
86 "이러고 보니 [ ]客이 뒤바뀌었군요!"

09 다음 각 漢字의 部首를 쓰시오. 87~89번

87 鳥 – [ ] 88 窮 – [ ]
89 番 – [ ]

10 다음 [ ] 속에 알맞은 漢字를 써넣어 四字成語를 完成하시오. 90~94번

90 [ ]盡甘[ ] : 고생 끝에 즐거움이 옴.
91 忠[ ]逆[ ] : 충직한 말은 귀에 거슬림.
92 [ ][ ]歸正 : 모든 일은 반드시 바른길로 돌아감.
93 天[ ][ ]變 : 자연현상으로 인한 재앙.
94 [ ][ ]同色 : 이름은 다르나 따지고 보면 한가지임을 비유적으로 이르는 말.

11 다음 單語의 同音異義語를 漢字[正字]로 쓰되, 제시된 뜻에 맞추시오. 95~97번

95 (郵政) – [ ] : 친구 사이의 정.
96 (大臣) – [ ] : 어떤 대상이 하게 될 구실을 바꾸어서 하게 됨.
97 (家産) – [ ] : 더하여 셈함.

12 다음 문장의 밑줄 (____) 부분에 들어갈 알맞은 말을 쓰시오. 98~100번

'省'은 '(____)[98]성'과 '(____)[99]생'로 읽히는 一字多音字이고, '報'는 '報答'에서는 '갚다'의 뜻으로 쓰이고, '悲報'에서는 (____)[100]'의 뜻으로 쓰이는 글자이다.

98 [ ] 99 [ ]
100 [ ]

04회 한자능력검정시험 4급 기출·예상문제

(사) 한국어문회 주관	
합격문항	70문항
시험시간	50분
정 답	188쪽

01 다음 밑줄 친 漢字語 중 漢字로 기록된 것은 그 讀音을 쓰고, 한글로 쓰인 것은 漢字로 바꾸어 쓰시오. 01~52번

해를 거듭할수록 <u>雜誌</u>(01)에 투고된 <u>작품</u>(02)들은 <u>예년</u>(03)보다 <u>水準</u>(04)이 높았다.

01 [ ] 02 [ ]
03 [ ] 04 [ ]

수력과 <u>풍력</u>(05)은 다양한 <u>분야</u>(06)에 <u>適用</u>(07)돼 <u>노동력</u>(08) <u>節減</u>(09)과 <u>생산성</u>(10) <u>향상</u>(11)에 크게 <u>寄與</u>(12)했다.

05 [ ] 06 [ ]
07 [ ] 08 [ ]
09 [ ] 10 [ ]
11 [ ] 12 [ ]

우리나라가 다른 나라에 비해 짧은 시간에 눈부신 <u>經濟</u>(13) <u>성장</u>(14)을 할 수 있었던 가장 큰 <u>요인</u>(15)은 <u>勤勉</u>(16)한 국민성 때문이다.

13 [ ] 14 [ ]
15 [ ] 16 [ ]

<u>재물</u>(17)을 무조건 <u>貯蓄</u>(18)하고 쌓아두기보다는 미래를 위해 배우고 <u>교양</u>(19)을 쌓는 데에 <u>投資</u>(20)해야 한다.

17 [ ] 18 [ ]
19 [ ] 20 [ ]

<u>만세</u>(21) 운동의 주도적인 역할을 <u>擔當</u>(22)했던 <u>단체</u>(23)에 대하여 <u>監視</u>(24)와 <u>彈壓</u>(25)이 심했다.

21 [ ] 22 [ ]
23 [ ] 24 [ ]
25 [ ]

사건의 <u>眞相</u>(26)과 <u>책임</u>(27)의 <u>소재</u>(28)를 밝히고, 유사한 사건의 <u>재발</u>(29)을 <u>防止</u>(30)하는 것도 중요하지만 사전에 사고를 예방하는 것이 더 중요하다.

26 [ ] 27 [ ]
28 [ ] 29 [ ]
30 [ ]

그는 사사로운 정에 얽매이지 않고 **객관**(31)적인 **입장**(32)에서 **공평**(33)하게 일을 **處理**(34)하고 **賞罰**(35)을 **嚴格**(36)하게 함으로써 **부하**(37)들로부터 **尊敬**(38)을 받았다.

31 [ ] 32 [ ]
33 [ ] 34 [ ]
35 [ ] 36 [ ]
37 [ ] 38 [ ]

유통(39) 과정이 **다소**(40) **容易**(41)하다 보니 세계 시장을 **席卷**(42)하려는 업체들 간의 **경쟁**(43)이 달아오르고 있다.

39 [ ] 40 [ ]
41 [ ] 42 [ ]
43 [ ]

情報(44) **통신**(45) **기술**(46)이 발달하면서 **行政**(47) **組織**(48)의 기능이 빠르게 **縮小**(49)되고 있다.

44 [ ] 45 [ ]
46 [ ] 47 [ ]
48 [ ] 49 [ ]

요거트는 누가 만들었는지 **正確**(50)한 기록은 없으나 大略 BC3000년 유목인의 가죽 주머니 속의 우유 발효에서 **유래**(51)한 것이라고 **推測**(52)하고 있다.

50 [ ] 51 [ ]
52 [ ]

02 위 문제에 출제된 다음 漢字語 중 첫 音節이 길게 발음되는 單語 3개를 골라 그 번호를 순서대로 쓰시오. 53~55번

| 보기 |

① 防止 ② 貯蓄 ③ 推測 ④ 處理 ⑤ 組織
⑥ 水準 ⑦ 投資 ⑧ 眞相 ⑨ 容易 ⑩ 彈壓

53 [ ] 54 [ ]
55 [ ]

03 다음 漢字의 訓과 音을 쓰시오. 56~74번

56 謠 [ ] 57 離 [ ]
58 崇 [ ] 59 趣 [ ]
60 怒 [ ] 61 顯 [ ]
62 均 [ ] 63 移 [ ]
64 抗 [ ] 65 料 [ ]
66 援 [ ] 67 窮 [ ]
68 終 [ ] 69 混 [ ]
70 鳴 [ ] 71 優 [ ]
72 潔 [ ] 73 逃 [ ]
74 普 [ ]

04 다음 漢字를 널리 쓰이는 略字로 고쳐 쓰시오. 75~77번

75 數 – [ ] 76 擧 – [ ]
77 關 – [ ]

05 다음 漢字語의 뜻을 쓰시오. 78~80번

78 舌戰 : [ ]

79 具備 : [ ]

80 細柳 : [ ]

06 다음 제시한 單語와 뜻이 같거나 비슷한 漢字語가 되도록 [ ] 안에 적절한 漢字를 쓰시오. 81~83번

81 改善 – 改 [ ] 82 密語 – 密 [ ]

83 舍屋 – 舍 [ ]

07 다음 제시한 單語와 뜻이 대립되는 漢字語가 되도록 [ ] 안에 적절한 漢字를 쓰시오. 84~86번

84 虛弱 ↔ [ ]康 85 收入 ↔ 支[ ]

86 [ ]極 ↔ 積極

08 다음 漢字의 部首를 쓰시오. 87~89번

87 鄕 – [ ] 88 象 – [ ]

89 鬪 – [ ]

09 다음 [ ] 안에 알맞은 漢字를 적어 四字成語를 完成하시오. 90~94번

90 忠 [ ]逆 [ ] : 충직한 말은 귀에 거슬림.

91 奇 想 [ ] [ ] : 생각 등이 기발하고 엉뚱함.

92 [ ]前絶 [ ] : 비교할 만한 것이 이전이나 이후에도 없음.

93 [ ]篇 [ ]律 : 모두 비슷하여 개성이 없음.

94 益 [ ]三 [ ] : 사귀어서 유익한 세 종류의 벗.

10 다음 單語의 同音異義語를 漢字로 쓰되, 제시된 뜻에 맞추시오. 95~97번

95 寺名 – [ ] : 맡겨진 임무.

96 機先 – [ ] : 증기기관으로 움직이는 배의 총칭.

97 指導 – [ ] : 지구 또는 그 일부를 축소하여 나타낸 그림.

11 다음 문장의 밑줄 (__) 부분에 들어갈 알맞은 말을 쓰시오. 98~100번

- '省'자는 '省墓'에서는 '살피다'의 뜻으로 쓰이고, '省略'에서는 '(____)[98]'의 뜻으로 쓰이는 글자이다.
- '北'자는 '(____)[99] 북'과 '(____)[100] 배'로 읽고 적는 一字多音字이다.

98 [ ] 99 [ ]

100 [ ]

05회 한자능력검정시험 4급 기출·예상문제

(사) 한국어문회 주관	
합격문항	70문항
시험시간	50분
정 답	190쪽

01 다음 밑줄 친 漢字語 중 漢字로 기록된 것은 그 讀音을 쓰고, 한글로 쓰인 것은 漢字로 바꾸어 쓰시오. 01~52번

우리 고유(1)의 傳統(2) 문화를 保存(3)·발전시키고 나아가 세계인이 공감(4)할 수 있는, 능력(5)을 갖춘 젊은 작가를 발굴 및 성장(6)을 통해 한국 문화의 國際化(7)를 先導(8)한다.

01 [ ] 02 [ ]
03 [ ] 04 [ ]
05 [ ] 06 [ ]
07 [ ] 08 [ ]

시민들의 處地(9)를 생각해서라도 안전(10)을 유지하여 분쟁을 圓滿(11)하게 解決(12)하기를 바랐다.

09 [ ] 10 [ ]
11 [ ] 12 [ ]

과거(13)에 대한 미련(14)을 果敢(15)히 버린 그의 삶과 意志(16)는 改革(17)을 외치는 현대 政治(18) 지도자들이 가져야 할 模範(19)적 態度(20)로 삼을 만하다.

13 [ ] 14 [ ]
15 [ ] 16 [ ]
17 [ ] 18 [ ]
19 [ ] 20 [ ]

비만도 좋지 않지만 나이에 따른 平均(21)보다 무리(22)하게 체중(23)을 줄이거나 음식 섭취를 줄이는 것은 健康(24)을 해칠 수도 있다.

21 [ ] 22 [ ]
23 [ ] 24 [ ]

여행(25)이 시작되면서 오전 네 시에 起床(26)하여 移動(27)을 하고 오후 네 시경에 캠핑장에 도착(28)하여 野營(29) 準備(30)에 들어갔다.

25 [ ] 26 [ ]
27 [ ] 28 [ ]
29 [ ] 30 [ ]

그리스 여신상을 떠올리게 하는 秀麗(31)한 용모와 뚜렷한 이목구비(32)는 무대로 걸어 나올 때부터 관객(33)의 呼吸(34)을 멈추게 하였다.

31 [ ] 32 [ ]

33 [ ] 34 [ ]

전기 사용량(35)이 激增(36)하여 곳곳에서 정전(37) 사고 가 발생하고 있다. 작은 故障(38)인 경우 신속히 復舊(39)되나 대부분 다소 시간이 소요(40) 될 수가 있으니 기다려야 한다.

35 [ ] 36 [ ]

37 [ ] 38 [ ]

39 [ ] 40 [ ]

'재치(41)'는 순간적 機智(42)가 요청되는 危急(43)한 狀況(44)에서 發揮(45)되며, 순발력 있는 말솜씨와 適切(46)한 행동이 동반된다.

41 [ ] 42 [ ]

43 [ ] 44 [ ]

45 [ ] 46 [ ]

흉년(47)이 들어 굶주리는 사람이 續出(48)하자 가재(49)를 털어 친척의 困窮(50)한 사람을 救濟(51)하여 신의가 있다고 稱頌(52)을 들었다.

47 [ ] 48 [ ]

49 [ ] 50 [ ]

51 [ ] 52 [ ]

02 위 문제에 출제된 다음 漢字語 중 첫 音節이 길게 발음되는 單語 3개를 골라 그 번호를 순서대로 쓰시오. 53~55번

| 보기 |

① 先導 ② 移動 ③ 危急 ④ 健康 ⑤ 稱頌
⑥ 模範 ⑦ 準備 ⑧ 復舊 ⑨ 解決 ⑩ 激增

53 [ ] 54 [ ]

55 [ ]

03 다음 漢字의 訓과 音을 쓰시오. 56~74번

56 察 [ ] 57 鳥 [ ]

58 潔 [ ] 59 務 [ ]

60 核 [ ] 61 念 [ ]

62 看 [ ] 63 束 [ ]

64 氷 [ ] 65 惠 [ ]

66 談 [ ] 67 崇 [ ]

68 晝 [ ] 69 仕 [ ]

70 泉 [ ] 71 良 [ ]

72 閉 [ ] 73 漁 [ ]

74 曜 [ ]

04 다음 漢字를 널리 쓰이는 略字로 고쳐 쓰시오. 75~77번

75 寫 – [ ] 76 價 – [ ]

77 號 – [ ]

05 다음 漢字語의 뜻을 쓰시오. 78~80번

78 勸獎 : [ ]

79 遺德 : [ ]

80 防衛 : [ ]

06 다음 밑줄 친 각 글자와 뜻이 같거나 비슷한 漢字를 [ ] 속에 적어 單語를 完成하시오. 81~83번

81 고속 道[ ]를 착공하다.

82 젊은이들에게 希[ ]을 불어넣다.

83 생존 競[ ]이 치열하다.

07 다음 각 글자의 反義字, 또는 뜻이 對立되는 漢字를 [ ] 속에 적어 널리 통용되는 單語를 만드시오. 84~86번

84 好 ↔ [ ] **85** [ ] ↔ 暗

86 生 ↔ [ ]

08 다음 漢字의 部首를 쓰시오. 87~89번

87 省 – [ ] **88** 店 – [ ]

89 夜 – [ ]

09 다음 [ ] 안에 알맞은 漢字를 적어 四字成語를 完成하시오. 90~94번

90 甘[ ][ ]說 : 달콤한 말과 이로운 말.

91 [ ][ ]一毛 : 많은 가운데서 가장 적은 것.

92 [ ]實[ ]告 : 사실 그대로 고함.

93 同[ ]同[ ] : 같이 고생하고 같이 즐김.

94 [ ][ ]報恩 : 은혜를 잊지 않고 갚음.

10 다음 單語의 同音異義語를 漢字로 쓰되, 제시된 뜻에 맞추시오. 95~97번

95 資級 – [ ] : 자신에게 소용되는 물건을 자기 힘으로 공급함.

96 羊肉 – [ ] : 아이를 보살펴 자라게 함.

97 私庫 – [ ] : 생각하고 궁리함.

11 다음 문장의 밑줄 (___) 부분에 들어갈 알맞은 말을 쓰시오. 98~100번

- '畫'자는 '그림 화'와 '(___)[98] 획'의 두 가지 音과 뜻으로 달라지는 자이다.
- '暴'자는 '(___)[99] 포'와 '(___)[100] 폭'으로 읽고 적는 一字多音字이다.

98 [ ] **99** [ ]

100 [ ]

(사) 한국어문회 주관

한자능력 검정시험

정답 및 해설 4급

- 예상문제 1회 ~ 15회
- 기출 · 예상문제 1회 ~ 5회

4급 한자능력검정시험 정답 및 해설

01회 예상문제 61쪽~63쪽

01	연료	02	소제	03	계급	04	구축
05	포악	06	관부	07	결손	08	시험
09	존속	10	인도	11	건강	12	진기
13	차등	14	험난	15	잡화	16	부건
17	초청	18	거유	19	주홍	20	영접
21	납득	22	탐구	23	전란	24	헌장
25	공항	26	탄압	27	강론	28	통탄
29	군중	30	유산	31	제사 제	32	자리 좌
33	모습 태	34	캘 채	35	금할 금	36	사기 사
37	비롯할 창	38	베풀 시	39	가지런할 정	40	은혜 혜
41	칠 목	42	간략할 략	43	장려할 장	44	부지런할 근
45	짤 조	46	맡길 위	47	充電	48	着席
49	訓練	50	冷溫	51	財物	52	基金
53	意思	54	展開	55	旅路	56	景氣
57	切實	58	信念	59	利用	60	道具
61	反省	62	輕重	63	因果	64	比例
65	可決	66	客觀	67	給	68	加
69	落	70	光, 陽	71	罪	72	擧
73	調, 平	74	加	75	淸	76	高
77	敬, 愛	78	前, 火	79	立, 無	80	木, 魚
81	結, 草	82	理性	83	地表	84	兵士
85	口號	86	後事	87	고치어 좋게 함		
88	바다의 밑바닥			89	눈으로 직접 봄		
90	爪	91	心	92	皿	93	団
94	画	95	読	96	卒	97	舊
98	①係員	99	④辨明	100	⑦豫測		

해설

02 掃除(소제)▸(쓸 소)(덜 제) : 청소(淸掃).

03 階級(계급)▸(섬돌 계)(등급 급) : 지위나 관직 따위의 단계. → 뜻이 서로 비슷한 한자로 결합된 유의자입니다.

05 暴惡(포악)▸(모질 포)(악할 악) : 사납고 악함. → '暴'자는 쓰임에 따라 뜻과 소리가 달라지는 글자입니다.
참 暴(모질 포, 사나울 폭)

06 官府(관부)▸(벼슬 관)(마을 부) : ① 정부(政府)나 관청(官廳). ② 조정(朝政)이나 정부(政府).

07 缺損(결손)▸(이지러질 결)(덜 손)
: 한 부분이 없거나 잘못되어서 불완전함. 모자람.

09 尊屬(존속)▸(높을 존)(붙일 속) : 부모 또는 그 항렬(行列) 이상에 속하는 친족(親族).

10 引導(인도)▸(끌 인)(인도할 도)
: ① 가르쳐 일깨움. ② 길이나 장소를 안내함.
→ 뜻이 서로 비슷한 한자로 결합된 유의자입니다.

12 珍奇(진기)▸(보배 진)(기특할 기)
: '珍奇하다'의 어근으로, '진귀(珍貴)하고 기이(奇異)함'을 이르는 말.

13 差等(차등)▸(다를 차)(무리 등) : 차이가 나는 등급. 고르거나 가지런하지 않고 차별이 있음.

16 副件(부건)▸(버금 부)(물건 건)
: 필요한 것 이외의 여분(餘分)의 것. 여벌.

18 巨儒(거유)▸(클 거)(선비 유) : 학식과 덕이 높아 뭇사람의 존경을 받는 이름난 유학자(儒學者).

21 納得(납득)▸(들일 납)(얻을 득) : 다른 사람의 언행이나 형편 따위를 잘 알아서 이해함. 이해(理解).

24 憲章(헌장)▸(법 헌)(글 장)
: 어떠한 사실에 대한 약속을 이행하기 위하여 이상(理想)으로서 규정한 규범(規範).

28 痛歎(통탄)▸(아플 통)(탄식할 탄)
: 몹시 탄식(歎息)함. 또는 그런 탄식.
→ '歎'자는 '嘆'자와 쓰임이 같은 이체자입니다.

29 群衆(군중)▸(무리 군)(무리 중)
: 한곳에 모인 많은 사람의 무리.
→ 뜻이 서로 비슷한 한자로 결합된 유의자입니다.

30 遺産(유산)▸(남길 유)(낳을 산)
: ① 죽은 사람이 남겨 놓은 재산. ② 앞 세대가 물려준 사물이나 문화.
→ '遺'자는 쓰임에 따라 뜻이 달라지는 글자입니다.
참 遺(남길 유, 끼칠 유, 잃어버릴 유)

53 意思(의사)▸(뜻 의)(생각 사)
: 무엇을 하려고 하는 생각이나 마음.

57 切實(절실)▸(끊을 절)(열매 실)
: '切實하다'의 어근으로, '① 매우 시급하고도 긴요한 상태에 있음. ② 실제에 꼭 들어맞음'을 뜻함. → '切'자는 쓰임에 따라 뜻과 소리가 달라지는 글자입니다.
참 切(끊을 절, 온통 체)

67 收給(수급)▸(거둘 수)(줄 급) : 수입과 지출.

73 調均(조균)▸(고를 조)(고를 균)
: 조화(調和). 해화(諧和). 서로 잘 어울림.

02회 예상문제

64쪽~66쪽

01	증거	02	비밀	03	납세	04	표결
05	탐사	06	진통	07	자태	08	독도
09	탄식	10	중론	11	항복	12	곤란
13	지휘	14	원조	15	격변	16	주위
17	위기	18	숭배	19	견고	20	환경
21	예측	22	압축	23	혼란	24	칭호
25	유세	26	위로	27	암향	28	박람
29	근면	30	혈연	31	거울 경	32	펼 연
33	힘줄 근	34	모양 양	35	양식 량	36	피곤할 피
37	무리 대	38	선비 유	39	방해할 방	40	뛰어날 걸
41	엄숙할 숙	42	맞을 영	43	얽을 구	44	위엄 위
45	겨룰 항	46	덜 제	47	관청 청	48	벌할 벌
49	불 터질 폭	50	구를 전	51	분할 분	52	겨를 가
53	도망할 도	54	납 연	55	가루 분	56	比例
57	時效	58	和音	59	要約	60	風聞
61	樂天	62	代案	63	高度	64	着手
65	競爭	66	話術	67	葉書	68	勝負
69	神童	70	責望	71	鐵石	72	強食
73	合一	74	半信	75	大同	76	備禮
77	弟	78	動	79	凶	80	順
81	他	82	失	83	成	84	告
85	停	86	任	87	思考	88	事故
89	鳥	90	乙	91	豕	92	旧
93	万	94	楽	95	작은아버지		
96	셈을 서로 비김 / 서로 효과가 없어지는 일						
97	더하거나 뺌 / 보태거나 덞					98	② 壯觀
99	④ 取消	100	⑦ 散在				

해설

06 陣痛(진통)▸(진칠 진)(아플 통)
: ① 산모가 해산할 때에, 주기적으로 반복되는 통증. ② 일이 이루어질 무렵에 겪는 어려움.

11 降伏(항복)▸(항복할 항)(엎드릴 복) → '降伏'에서 '伏'자는 '服'자로 바꾸어 쓰기도 합니다.
→ '降'자는 쓰임에 따라 뜻과 소리가 달라지는 글자입니다. 참 降(내릴 강, 항복할 항). 下降(하강). 降板(강판). 投降(투항). 降書(항서).

12 困難(곤란)▸(곤할 곤)(어려울 난) : 사정이 몹시 딱하고 어려움. → 동일한 한자어의 발음이 어떤 경우에는 본음으로 나고 어떤 경우에는 속음으로 나는데, '곤란(困難)'은 이러한 경우에 속하므로 '곤난'이라고 읽거나 적으면 틀립니다.

16 周圍(주위)▸(두루 주)(에워쌀 위)
→ 뜻이 서로 비슷한 한자로 결합된 유의자입니다.

19 堅固(견고)▸(굳을 견)(굳을 고)
→ 뜻이 서로 비슷한 한자로 결합된 유의자입니다.

23 混亂(혼란)▸(섞을 혼)(어지러울 란)
→ 뜻이 서로 비슷한 한자로 결합된 유의자입니다.

24 稱號(칭호)▸(일컬을 칭)(이름 호)
: 명예나 지위 따위를 일컫는 이름.

25 遊說(유세)▸(놀 유)(달랠 세) : 각처로 돌아다니며 자기의 의견 또는 소속 정당의 주장을 선전함.
→ '說'자는 쓰임에 따라 뜻과 소리가 달라지는 글자입니다. 참 說(말씀 설, 달랠 세). 說明(설명). 演說(연설). 說客(세객).

30 血緣(혈연)▸(피 혈)(인연 연)
: 같은 핏줄로 이어진 인연(因緣).

56 正比例(정비례)▸(바를 정)(견줄 비)(법식 례)
: 두 양이 서로 같은 비율(比率)로 늘거나 줄거나 하는 일.

62 代案(대안)▸(대신할 대)(책상 안)
: 어떤 안(案)을 대신하는 다른 안.

65 競爭(경쟁)▸(다툴 경)(다툴 쟁)
→ 뜻이 서로 비슷한 한자로 결합된 유의자입니다.

68 勝負處(승부처)▸(이길 승)(질 부)(곳 처)
: 경기나 경쟁 등에서 이기고 지는 고비가 되는 곳이나 그런 때. → '勝負'는 뜻이 서로 상대되는 한자로 결합된 반대자입니다.

71 鐵石(철석)▸(쇠 철)(돌 석)
: '쇠와 돌'을 뜻하는 데에서 '매우 굳고 단단한 것'을 비유하여 이르는 말.
→ 뜻이 서로 상대되는 한자로 결합된 반대자입니다.

80 順逆(순역)▸(순할 순)(거스를 역)
: 순종(順從)과 거역(拒逆).

81 自他(자타)▸(스스로 자)(다를 타) : 자기와 남.

87 思考(사고)▸(생각 사)(생각할 고) : ① 생각하고 궁리함. ② 개념·구성·판단·추리 따위를 행하는 인간의 이성 작용.
→ 뜻이 서로 비슷한 한자로 결합된 유의자입니다.

88 事故(사고)▸(일 사)(연고 고)
: ① 뜻밖에 일어난 사건이나 탈. ② 말썽을 일으킨 나쁜 짓. ③ 어떤 일이 일어난 까닭.

96 相殺(상쇄)▸(서로 상)(감할 쇄)
→ '殺'자는 쓰임에 따라 뜻과 소리가 달라지는 글자입니다.
참 殺(죽일 살, 감할 쇄, 빠를 쇄). 殺伐(살벌). 減殺(감쇄). 殺到(쇄도).

97 加減(가감)▸(더할 가)(덜 감) → '加減'은 뜻이 서로 상대되는 한자로 결합된 반대자입니다.

03회 예상문제 67쪽~69쪽

01	난류	02	열거	03	공격	04	연세
05	염려	06	과속	07	여식	08	세련
09	노력	10	벌목	11	악사	12	쾌락
13	낭보	14	효험	15	낙엽	16	투견
17	내왕	18	수령	19	냉방	20	의논
21	극약	22	소강	23	양방	24	수복
25	여로	26	연설	27	역임	28	윤독
29	주유	30	승복	31	밑 저	32	막을 장
33	높을 탁	34	매울 렬	35	가릴 택	36	살 거
37	칠 토	38	낮을 저	39	정성 성	40	날 비
41	이을 계	42	굳을 견	43	흩을 산	44	어려울 난
45	샘 천	46	문서 적	47	견줄 비	48	경사 경
49	베풀 시	50	알 란	51	귀 이	52	넓을 보
53	건널 제	54	무덤 묘	55	곳 처	56	①眼目
57	④步道	58	⑧讚頌	59	体	60	伝
61	発	62	書	63	變	64	團
65	競爭	66	實質	67	歌唱	68	着陸
69	願望	70	意	71	規 / 典	72	高
73	因	74	告	75	兵 / 士 / 卒		
76	安	77	背	78	京	79	亡 / 敗
80	殳	81	示	82	穴	83	止水
84	休題	85	不動	86	成仁	87	會者
88	雨水	89	家口	90	調和	91	交感
92	全景	93	初代	94	分類	95	案件
96	親知	97	勞苦	98	포	99	바꿀
100	이						

해설

02 列擧(열거)▸(벌일/벌릴 렬)(들 거)
: 여러 가지 예나 사실을 하나씩 죽 늘어놓음.
→ '列'자는 본음이 '렬'이나 여기에서는 두음법칙에 의해 '열'로 적습니다.
참 4. 年歲(년세 → 연세) 5. 念慮(념려 → 염려)
7. 女息(녀식 → 여식) 13. 朗報(랑보 → 낭보)
15. 落葉(락엽 → 낙엽) 17. 來往(래왕 → 내왕)
19. 冷房(랭방 → 냉방) 23. 兩方(량방 → 양방)
25. 旅路(려로 → 여로) 27. 歷任(력임 → 역임)
28. 輪讀(륜독 → 윤독)

03 攻擊(공격)▸(칠 공)(칠 격)
: ① 적을 침. ② 비난하거나 반대함.
→ 뜻이 서로 비슷한 한자로 결합된 유의자입니다.

05 念慮(염려)▸(생각 념)(생각할 려)
: 앞일에 대하여 마음을 놓지 못하고 걱정함.

11 樂師(악사)▸(노래 악)(스승 사) : (조선 시대에) 장악원(掌樂院)과 장례원(掌禮院) 등에 속하여 주악(奏樂)을 맡아보던 벼슬.
→ 일반적으로 '악기로 음악을 연주하는 사람'은 '樂士(악사)'로 표기합니다.

18 受領(수령)▸(받을 수)(거느릴 령) : 돈이나 물품 따위를 받아들임. 받음. 영수(領收).

20 議論(의논)▸(의논할 의)(논할 론)
: 서로 의견을 주고받음.
→ 동일한 한자어의 발음이 어떤 경우에는 본음으로 나고 어떤 경우에는 속음으로 나는데, '의논(議論)'은 이러한 경우에 속하므로 '의론'이라고 적거나 읽지 않습니다.
예 困難(곤난 → 곤란), 許諾(허낙 → 허락), 議論(의론 → 의논)

22 小康(소강)▸(작을 소)(편안 강)
: ① 병이 조금 나아진 기색이 있음. ② 소란이나 혼란한 상태가 얼마동안 잠잠함.

24 收復(수복)▸(거둘 수)(회복할 복)
: 잃었던 땅이나 권리 따위를 도로 찾음.
→ '復'자는 쓰임에 따라 뜻과 소리가 달라지는 글자입니다. 참 復(회복할 복, 다시 부)

28 輪讀(윤독)▸(바퀴 륜)(읽을 독) : 여러 사람이 같은 글이나 책을 돌려 가며 읽음. 돌려 읽음.
→ '讀'자는 쓰임에 따라 뜻과 소리가 달라지는 글자입니다. 참 讀(읽을 독, 구절 두)

29 周遊(주유)▸(두루 주)(놀 유)
: 두루 돌아다니며 구경함.

30 承服(승복)▸(이을 승)(옷 복) : 납득하여 따름.
→ 여기에서 '承'자는 '받아들이다'를 뜻하고, '服'자는 '복종하다'를 뜻합니다.

37 '討(칠 토)'자의 '칠'은 '치다'는 말로, '상대편에게 피해를 주기 위하여 공격을 함'을 뜻합니다.

42 '堅(굳을 견)'자의 '굳을'은 '굳다'는 말로, '흔들리거나 바뀌지 아니할 만큼 힘이나 뜻이 강함'을 뜻합니다.

56 眼目(안목)▸(눈 안)(눈 목)
: 사물을 보고 분별하는 식견 또는 사물의 가치를 판별할 수 있는 능력. 면안(面眼).

77 向背(향배)▸(향할 향)(등 배)
: '좇음과 등짐', 또는 '복종과 배반'이라는 뜻에서, '어떤 일이 되어 가는 추세나 어떤 일에 대한 사람들의 태도'를 비유하여 이르는 말.

93 初代(초대)▸(처음 초)(대신할 대)
: 차례로 이어 나가는 자리나 지위에서 그 계통의 첫 번째에 해당하는 사람.

97 勞苦(노고)▸(일할 로)(쓸 고) : 어떤 일을 이루기 위하여 힘들여 수고하고 애씀.

04회 예상문제 70쪽~72쪽

01	이해	02	효율	03	타파	04	서열
05	원칙	06	배경	07	예방	08	검찰
09	방위	10	장액	11	요리	12	귀댁
13	예비	14	착륙	15	은화	16	희망
17	재적	18	훈련	19	유통	20	예외
21	방한	22	영애	23	취소	24	노동
25	패배	26	녹색	27	독감	28	강구
29	충만	30	인식	31	最古	32	漁船
33	放出	34	天幸	35	會食	36	時急
37	日課	38	失效	39	廣告	40	客席
41	雲集	42	歷史	43	手術	44	作別
45	地理	46	感動	47	材木	48	身 · 言
49	宿直	50	改善	51	섬 도	52	어두울 암
53	들일 납	54	기울 경	55	점 점	56	말 두
57	기특할 기	58	즈음 제 / 가 제			59	코끼리 상
60	낱 개	61	두루 주	62	숯 탄	63	기록할 록
64	그릇 기	65	던질 투	66	빽빽할 밀	67	固定
68	質朴	69	終結	70	凶惡	71	倍加
72	重	73	文	74	陽	75	賞
76	活	77	貯	78	習	79	規 / 法 / 典
80	害	81	關 / 給 / 參	82	①進步	83	⑥研磨
84	⑦惠澤	85	一衣	86	相長	87	千金
88	樂道	89	強兵	90	童話	91	同化
92	犬	93	行	94	尸	95	号
96	労	97	数	98	맡은 바 직책이나 임무		
99	원망의 소리			100	상품이 모두 팔림		

해설

01 理解(이해)▸(다스릴 리)(풀 해)
: ① 사리를 분별하여 해석함. ② 말이나 글의 뜻을 깨쳐 앎. → '理'자는 본음이 '리'이나 여기에서는 두음법칙에 의해 '이'로 읽고 적습니다.
참 7. 禮訪(례방 → 예방) 11. 料理(료리 → 요리)
19. 流通(류통 → 유통) 20. 例外(례외 → 예외)
22. 令愛(령애 → 영애) 24. 勞動(로동 → 노동)
26. 綠色(록색 → 녹색)

02 效率(효율)▸(본받을 효)(비율 률)
: 애쓴 노력에 대하여 얻어진 결과의 정도.
→ '모음'이나 'ㄴ' 받침 뒤에 이어지는 '렬, 률'은 '열, 율'로 적습니다.
예 效率(효률 → 효율)
04. 序列 (서렬 → 서열) 79. 規律(규률 → 규율)

04 序列(서열)▸(차례 서)(벌릴/벌일 렬)
: 일정한 순서대로 늘어섬 또는 그 순서.

09 防衛(방위)▸(막을 방)(지킬 위) : 적의 침략(侵略)이나 공격(攻擊)을 막아서 지킴.

12 貴宅(귀댁)▸(귀할 귀)(집 댁) : (주로, 편지 글에서) 상대편의 집안을 높여 이르는 말.
→ '宅'자는 쓰임에 따라 소리가 달라지는 글자입니다. '남의 집이나 가정'을 높여서 말할 때에는 '댁'으로 읽고, '집'을 뜻할 때에는 '택'으로 읽습니다.

17 在籍(재적)▸(있을 재)(문서 적)
: 학적(學籍)·호적(戶籍)·병적(兵籍) 따위의 명부(名簿)에 이름이 올라 있음.

20 例外(예외)▸(법식 례)(바깥 외) : 일반적으로 정해진 규칙이나 관례에서 벗어나는 일.

22 令愛(영애)▸(하여금 령)(사랑 애) : 윗사람의 딸을 높여 이르는 말.

25 敗北(패배)▸(패할 패)(달아날 배)
→ '北'자는 쓰임에 따라 뜻과 소리가 달라지는 글자입니다. 참 北(북녘 북, 달아날 배)

28 講究(강구)▸(욀 강)(연구할 구) : 알맞은 방책(方策)이나 방법을 궁리하여 대책(對策)을 세움.

29 充滿(충만)▸(채울 충)(찰 만) : 가득 참.
→ 뜻이 서로 비슷한 한자로 결합된 유의자입니다.

30 認識(인식)▸(알 인)(알 식) : 사물을 분별하고 판단하여 아는 일. → 뜻이 서로 비슷한 한자로 결합된 유의자입니다.

68 質朴(질박)▸(바탕 질)(성 박) → 뜻이 서로 비슷한 한자로 결합된 유의자입니다. '質朴'의 '朴'자는 '순박함'을 뜻합니다.

70 凶惡(흉악)▸(흉할 흉)(악할 악) : 성질이나 모습이 악하고 모짊. → 뜻이 서로 비슷한 한자로 결합된 유의자입니다.

79 規律(규율)▸(법 규)(법칙 률) : 질서나 제도를 유지하기 위한 행동의 준칙이 되는 것.

83 硏磨(연마)▸(갈 연)(갈 마) → 뜻이 서로 비슷한 한자로 결합된 유의자입니다.

84 惠澤(혜택)▸(은혜 혜)(못 택) → 뜻이 서로 비슷한 한자로 결합된 유의자입니다.

90 童話(동화)▸(아이 동)(말씀 화)
: 어린이에게 들려주거나 읽히기 위하여 동심(童心)을 바탕으로 지은 이야기.

91 同化(동화)▸(한가지 동)(될 화) : 성질(性質), 양식(樣式), 사상(思想) 따위가 다르던 것이 서로 같게 됨.

05회 예상문제 73쪽~75쪽

01	원천	02	분유	03	진액	04	충치
05	비석	06	극단	07	제거	08	채광
09	간호	10	자매	11	비치	12	선전
13	현달	14	모사	15	공범	16	대우
17	축사	18	기거	19	경이	20	복선
21	책방	22	정리	23	계단	24	오보
25	저축	26	예술	27	적송	28	용이
29	보험	30	상가	31	用具	32	性格
33	年長	34	念頭	35	的中	36	先着
37	公約	38	代打	39	落島	40	德望
41	前例	42	觀光	43	序頭	44	問責
45	品名	46	貴重	47	最善	48	調査
49	團體	50	過程	51	힘쓸 면	52	바늘 침
53	노래 요	54	한할 한	55	직분 직	56	새 조
57	순수할 순	58	계절 계	59	거짓 가	60	거느릴 통
61	지혜 지	62	세금 세	63	벽 벽	64	시험할 험
65	방패 간	66	오로지 전	67	寒流	68	任意
69	認知	70	明朗	71	告示	72	合
73	勞	74	決	75	主	76	敗
77	村	78	全	79	飮	80	育
81	宿	82	③致誠	83	④底止	84	⑧比等
85	流水	86	利說	87	萬別	88	識字
89	實事	90	在庫	91	再考	92	日
93	土	94	士	95	価	96	児
97	軽	98	일을 처리할 방법이나 계획				
99	독차지	100	(적을 쳐서) 물리침				

해설

06 極端(극단)▸(극진할 극)(끝 단) : ① 맨 끝. ② 끝까지 미쳐 더 나아갈 데가 없는 상태.
→ 뜻이 서로 비슷한 한자로 결합된 유의자입니다.

07 除去(제거)▸(덜 제)(갈 거) : 없애 버림.
→ 여기에서 '去'자는 '덜어 없앰'을 뜻합니다.

10 姉妹(자매)▸(손윗누이 자)(누이 매)
→ 뜻이 서로 상대되는 한자로 결합된 반대자입니다.

11 備置(비치)▸(갖출 비)(둘 치)
: 마련하여 갖추어 둠.
→ 여기에서 '置'자의 '둘'은 '두다'는 말로, '일정한 곳에 놓음'을 뜻합니다.

13 顯達(현달)▸(나타날 현)(통달할 달) : 벼슬·명성·덕망이 높아서 이름을 세상에 드러냄.

14 模寫(모사)▸(본뜰 모)(베낄 사) : 사물을 형체 그대로 나타내거나 어떤 그림을 보고 그대로 그림.

15 共犯(공범)▸(한가지 공)(범할 범) : '공동정범(共同正犯)'의 줄임말로, 범죄(犯罪)에 해당하는 행위를 공동으로 실행한 사람 또는 그 범죄.

16 待遇(대우)▸(기다릴 대)(만날 우)
: ① 예의를 갖추어 남을 대함. ② 직장에서의 대접을 받는 직위나 급료의 수준.
→ 여기에서 '待'자와 '遇'자는 모두 '대접함, 예우함'을 뜻합니다.

19 驚異(경이)▸(놀랄 경)(다를 이)
: 놀랍고 신기하게 여김.
→ 여기에서 '異'자는 '기이함, 이상함'을 뜻합니다.

24 誤報(오보)▸(그르칠 오)(갚을 보)
: 사건이나 소식을 그릇되게 전하여 알림.
→ 여기에서 '報'자는 '알림'을 뜻합니다.

25 貯蓄(저축)▸(쌓을 저)(모을 축)
→ 뜻이 서로 비슷한 한자로 결합된 유의자입니다.

26 藝術(예술)▸(재주 예)(재주 술) : 아름다움을 창조하고 표현하려는 인간의 활동 및 그 작품.
→ 뜻이 서로 비슷한 한자로 결합된 유의자입니다.

28 容易(용이)▸(얼굴 용)(쉬울 이) : '容易하다'의 어근으로, '어렵지 아니하고 매우 쉬움'을 이르는 말.
→ 여기에서 '容'자는 '쉬움'을 뜻합니다.

35 的中(적중)▸(과녁 적)(가운데 중)
: 예상이나 추측 또는 목표에 꼭 들어맞음.
→ 여기에서 '中'자는 '알맞음'을 뜻합니다.

46 貴重(귀중)▸(귀할 귀)(무거울 중) : '貴重하다'의 어근으로, '귀하고 중요함'을 이르는 말.
→ 여기에서 '重'자는 '중요함'을 뜻합니다.

47 最善(최선)▸(가장 최)(착할 선)
: 가장 좋고 훌륭한 일.
→ 여기에서 '善'자는 '좋음, 훌륭함'을 뜻합니다.

74 豫決(예결)▸(미리 예)(결단할 결)
: 예산(豫算)과 결산(決算).

79 吸飮(흡음)▸(마실 흡)(마실 음)
: 입으로 빨아 마심.

90 在庫(재고)▸(있을 재)(곳집 고)
: 창고에 쌓여 있음.

91 再考(재고)▸(두 재)(생각할 고) : 한 번 정해진 일이나 문제에 대하여 다시 생각함.

99 獨占(독점)▸(홀로 독)(차지할 점)
→ '占'자는 쓰임에 따라 뜻이 달라지는 글자입니다.
참 占(점칠 점, 차지할 점)

06회 예상문제 76쪽~78쪽

01	인정	02	전락	03	고찰	04	산란
05	계속	06	여가	07	감독	08	혼잡
09	취침	10	시상	11	도피	12	투항
13	박애	14	이륙	15	계림	16	차관
17	복제	18	모양	19	달변	20	변경
21	사정	22	무역	23	독살	24	수려
25	장본	26	조혼	27	구직	28	수업
29	비명	30	설치	31	혀 설	32	기후 후
33	알 인	34	근거 거	35	건널 제	36	점 점
37	감히 감	38	형벌 형	39	도둑 적	40	곡식 곡
41	거동 의	42	끝 단	43	부를 초	44	박달나무 단
45	끌 제	46	사사로울 사	47	所望	48	傳記
49	年歲	50	文物	51	合宿	52	當到
53	要所	54	病死	55	原則	56	信奉
57	古典	58	寫生	59	國章	60	直選
61	學費	62	流通	63	集結	64	基壇
65	代價	66	感氣	67	談說	68	海洋
69	強健	70	功罪	71	祝願	72	凶
73	勝	74	末 / 終	75	理 / 治	76	亡 / 無
77	資 / 財	78	方 / 直	79	特	80	界 / 域
81	因	82	② 救命	83	⑥ 寶庫	84	⑧ 示威
85	不, 十	86	家, 爭	87	目, 不	88	河, 淸
89	馬, 山	90	果實	91	過失	92	凵
93	甘	94	大	95	区	96	図
97	鉄	98	정해 놓은 기한을 뒤로 물려서 늘림				
99	밀물과 썰물 / 간조와 만조			100	좋게 평함		

해설

02 轉落(전락)▸(구를 전)(떨어질 락) : ① 굴러 떨어짐. ② 나쁘거나 타락한 처지에 빠짐.
→ 여기에서 '轉'자는 '한 바퀴 굴러 딴 곳으로 옮겨 자리를 바꿈'을 뜻합니다.

03 考察(고찰)▸(생각할 고)(살필 찰)
: 깊이 생각하고 연구함.

05 繼續(계속)▸(이을 계)(이을 속) → 뜻이 서로 비슷한 한자로 결합된 유의자입니다.

06 餘暇(여가)▸(남을 여)(틈 가) : 일이 없어 한가로운 시간. 겨를. 틈. → 뜻이 서로 비슷한 한자로 결합된 유의자입니다.

08 混雜(혼잡)▸(섞을 혼)(섞일 잡) : 여럿이 한데 뒤섞여서 어수선함. → 뜻이 서로 비슷한 한자로 결합된 유의자입니다.

11 逃避(도피)▸(도망할 도)(피할 피) : 도망하여 피함. → 뜻이 서로 비슷한 한자로 결합된 유의자입니다.

12 投降(투항)▸(던질 투)(항복할 항)
: 적(敵)에게 항복(降伏/降服)함.
→ '降'자는 쓰임에 따라 뜻과 소리가 달라지는 글자입니다.
참 降(내릴 강, 항복할 항)

14 離陸(이륙)▸(떠날 리)(뭍 륙) : 비행기 따위가 땅에서 날아오름.
→ '離'자는 본음이 '리'이나 여기에서는 두음법칙에 의해 '이'로 적습니다.

15 鷄林(계림)▸(닭 계)(수풀 림) : ① '신라'의 다른 이름. ② '우리나라'를 이르던 말. ③ '경주(慶州)'의 옛 이름.

19 達辯(달변)▸(통달할 달)(말씀 변)
: 능숙하여 막힘이 없는 말.

20 變更(변경)▸(변할 변)(고칠 경) → 뜻이 서로 비슷한 한자로 결합된 유의자입니다.
→ '更'자는 쓰임에 따라 뜻과 소리가 달라지는 글자입니다.
참 更(고칠 경, 다시 갱)

22 貿易(무역)▸(무역할 무)(바꿀 역)
→ 뜻이 서로 비슷한 한자로 결합된 유의자입니다. 참 易(바꿀 역, 쉬울 이).

25 張本(장본)▸(베풀 장)(근본 본) : ① 어떤 일의 발단이 되는 근원. ② 장본인(張本人).

26 早婚(조혼)▸(이를 조)(혼인할 혼)
: 결혼하기에 알맞은 나이보다 일찍 결혼함.

63 集結(집결)▸(모을 집)(맺을 결) : 한군데로 모임.

64 基壇(기단)▸(터 기)(단 단) : 터보다 한 층 높게 쌓아 건축물이나 비석 따위의 기초가 되는 단.

70 功罪(공죄)▸(공 공)(허물 죄) : 공로(功勞)와 죄과(罪過). → 뜻이 서로 상대되는 한자로 결합된 반대자입니다.

75 理亂(이란)▸(다스릴 리)(어지러울 란)
: 다스리는 일과 어지럽히는 일.

90 果實(과실)▸(실과 과)(열매 실) : 과일.

91 過失(과실)▸(지날 과)(잃을 실) : 잘못이나 허물.
→ 여기에서 '過'자는 '허물, 실수'를 뜻합니다.

94 '奇(기특할 기)'자는 일반적으로는 부수인 '大'자를 '亣'자와 같은 모양으로 쓰기도 합니다.

98 延期(연기)▸(늘일 연)(기약할 기)
→ '延'자는 '廷(조정 정)'자와 모양이 비슷하여 혼동하기 쉬운 글자입니다.

07회 예상문제 79쪽~81쪽

01	선택	02	우표	03	양반	04	과로
05	설단	06	포장	07	액체	08	선열
09	단계	10	호위	11	통속	12	경계
13	찬송	14	세포	15	격분	16	전담
17	수여	18	응원	19	골절	20	저변
21	횡포	22	경주	23	내신	24	개혁
25	심원	26	제압	27	방해	28	진미
29	청소	30	웅자	31	筆寫	32	冷情
33	偉人	34	參觀	35	活路	36	空席
37	順番	38	高價	39	明朗	40	期待
41	首都	42	費用	43	結果	44	一致
45	本能	46	風流	47	敎養	48	손윗누이 자
49	문서 권	50	쇠북 종	51	줄일 축	52	층 층
53	무리 도	54	풀 해	55	며느리 부	56	책 편
57	연기 연	58	베 포	59	이지러질 결	60	별 성
61	총 총	62	재 회	63	잘 침	64	善良
65	記誌	66	格式	67	實質	68	類例
69	安	70	惡	71	民	72	來
73	信	74	形	75	聞	76	充
77	目	78	門	79	③講座	80	⑤採集
81	⑧願書	82	種, 豆	83	電, 光	84	事, 以
85	花, 月	86	天外	87	中止	88	年長
89	地圖	90	商號	91	油紙	92	黑
93	舌	94	心	95	学	96	変
97	広	98	알을 낳음	99	달게 받음		
100	과거의 제도・풍습 따위로 돌아감						

해설

01 選擇(선택) ▸ (가릴 선)(가릴 택)
→ 뜻이 서로 비슷한 한자로 결합된 유의자입니다.

03 兩班(양반) ▸ (두 량)(나눌 반)
: '(고려・조선 시대에) 지배층을 이루던 동반(東班)과 서반(西班)'을 이르던 데에서, '지체나 신분이 높은 상류 계급 사람'을 이르던 말.
참 동반(東班) : '문반(文班)'을 달리 이르던 말.
참 서반(西班) : '무반(武班)'을 달리 이르는 말.
[궁중의 조회 때, 문반은 동쪽에, 무반은 서쪽에 서 있었던 것에서 유래하였다.]

05 舌端(설단) ▸ (혀 설)(끝 단) : 혀끝.

08 先烈(선열) ▸ (먼저 선)(매울 렬)
: 나라를 위하여 싸우다가 절의(節義)를 굳게 지켜 죽은 사람.
→ '모음'이나 'ㄴ' 받침 뒤에 이어지는 '렬, 률'은 '열, 율'로 적습니다. 예 旋律(선률 → 선율)

09 段階(단계) ▸ (층계 단)(섬돌 계)
: 일의 차례를 따라 나아가는 과정(過程).
→ 뜻이 서로 비슷한 한자로 결합된 유의자입니다.

10 護衛(호위) ▸ (도울 호)(지킬 위)
: 따라다니며 곁에서 보호(保護)하고 지킴.

13 讚頌(찬송) ▸ (기릴 찬)(칭송할 송)
: 훌륭한 덕이나 은혜를 기리고 찬양(讚揚)함.

16 專擔(전담) ▸ (오로지 전)(멜 담) : (어떤 일을) 전문적으로 맡거나 혼자서 담당(擔當)함.

17 授與(수여) ▸ (줄 수)(줄 여)
→ '與'자는 쓰임에 따라 뜻이 달라지는 글자입니다. 참 與(더불 여, 줄 여)

20 底邊(저변)▸(밑　저)(가　변)
: ① 밑바닥. ② 한 분야의 밑바탕을 이루는 부분.

21 橫暴(횡포)▸(가로 횡)(모질 포)
: 제멋대로 굴며 몹시 난폭(亂暴)함.
→ '暴'자는 쓰임에 따라 뜻과 소리가 달라지는 글자입니다. **참** 暴(모질 포, 사나울 폭)

23 內申(내신)▸(안　내)(납　신)
: ① 내용 따위를 공개하지 않고 상급 기관에 보고함. ② 선발의 자료로 삼을 수 있도록 지원자의 출신 학교에서 학업 성적·품행 등을 적어 보냄. → '申'자의 '납'은 '원숭이'를 뜻합니다.

24 改革(개혁)▸(고칠 개)(가죽 혁)
: 체제나 제도 따위를 새롭게 고쳐나감.
→ 여기에서 '革'자는 '고치다'를 뜻합니다.

30 雄姿(웅자)▸(수컷 웅)(모양 자)
: 웅장(雄壯)한 모습.

49 '券(문서 권)'자는 '卷(책 권)'자와 서로 모양이 비슷하여 혼동하기 쉬운 글자입니다.

53 '徒(무리 도)'자는 '從(좇을 종)'자와 서로 모양이 비슷하여 혼동하기 쉬운 글자입니다.

58 '布(베 포)'자는 쓰임에 따라 뜻과 소리가 달라지는 글자입니다. **참** 布(베 포, 펼 포, 보시 보)

70 好惡(호오)▸(좋을 호)(미워할 오) : 좋음과 싫음.
→ '惡'자는 쓰임에 따라 뜻과 소리가 달라지는 글자입니다. **참** 惡(악할 악, 미워할 오)

100 復古(복고)▸(회복할 복)(예　고)
→ '復'자는 쓰임에 따라 뜻과 소리가 달라지는 글자입니다. **참** 復(회복할 복, 다시 부)

08회 예상문제 82쪽~84쪽

01	감격	02	표지	03	도적	04	조건
05	투자	06	열녀	07	목장	08	해제
09	열대	10	통쾌	11	윤번	12	세수
13	군락	14	도보	15	당적	16	직물
17	소등	18	광맥	19	환희	20	착상
21	규모	22	부흥	23	가요	24	강당
25	인상	26	유념	27	단축	28	발휘
29	특파	30	간결	31	감독할 독	32	바랄 희
33	표 표	34	항구 항	35	옮길 이	36	집 호
37	가질 지	38	이을 승	39	웃음 소	40	맬 계
41	밀 추	42	목욕할 욕	43	춤출 무	44	세포 포
45	기릴 찬	46	즈음 제 / 가 제			47	團結
48	事情	49	調和	50	友愛	51	擧手
52	家屋	53	養魚	54	特技	55	加重
56	輕視	57	節約	58	親切	59	書記
60	急所	61	使命	62	參考	63	風格
64	雄圖	65	合致	66	效能	67	過
68	溫	69	失	70	正	71	可 / 當 / 良 / 實 / 安 / 然
72	空 / 無	73	打 / 攻	74	等 / 調 / 平		
75	到 / 洞 / 通	76	害	77	見	78	兄
79	道	80	信	81	世	82	入社
83	以上	84	野心	85	知的	86	問安
87	보물처럼 귀중한 물건을 간수해 두는 곳						
88	수입과 지출			89	대항하여 변론함		
90	頁	91	女	92	口	93	争
94	会	95	写 / 写	96	醫	97	質
98	②護衛	99	④再次	100	⑥善處		

해설

02 標識(표지)▸(표할 표)(기록할 지) : 어떤 사물을 다른 것과 구별하는 데 필요한 표시나 특징. → '識'자는 쓰임에 따라 뜻과 소리가 달라지는 글자입니다. 참 識(알 식, 기록할 지)

03 盜賊(도적)▸(도둑 도)(도적 적) → 뜻이 서로 비슷한 한자로 결합된 유의자입니다.

06 烈女(열녀)▸(매울 렬)(계집 녀) : 절개(節槪)가 굳은 여자. 열부(烈婦). → '烈'자는 본음이 '렬'이나 여기에서는 두음법칙에 의해 '열'로 적습니다.
참 11. 輪番(륜번 → 윤번) 26. 留念(류념 → 유념)

07 牧場(목장)▸(칠 목)(마당 장) → '牧'자의 '칠'은 '치다'는 말로, '가축이나 가금 따위를 놓아기르는 것'을 뜻합니다.

11 輪番(윤번)▸(바퀴 륜)(차례 번) : 돌아가며 차례로 번을 듦.

13 群落(군락)▸(무리 군)(떨어질 락) : ① 같은 지역에서 생활하는 많은 부락. ② 생육 조건이 같은 곳에서 떼를 지어 자라는 식물 집단. → 여기에서 '落'자는 '촌락, 부락'을 뜻합니다.

14 徒步(도보)▸(무리 도)(걸음 보) : 탈것을 타지 않고 걸어서 감.

15 黨籍(당적)▸(무리 당)(문서 적) : 정당에 든 사람으로 등록되어 있는 문서.

22 復興(부흥)▸(다시 부)(일 흥) → '復'자는 쓰임에 따라 뜻과 소리가 달라지는 글자입니다. 참 復(회복할 복, 다시 부)

25 印象(인상)▸(도장 인)(코끼리 상) : 어떤 대상에 대하여 마음속에 새겨져 잊혀지지 않는 자취. → 여기에서 '印'자는 '찍히다, 박히다'를 뜻하고, '象'자는 '모양, 모습'을 뜻합니다.

26 留念(유념)▸(머무를 류)(생각 념) : 마음속에 간직하여 생각함.

29 特派(특파)▸(특별할 특)(갈래 파) : 특별히 파견(派遣)함. → 여기에서 '派'자는 '일정한 임무를 주어 보내는 것'을 뜻합니다.

49 調和(조화)▸(고를 조)(화할 화) → 뜻이 서로 비슷한 한자로 결합된 유의자입니다.

58 親切(친절)▸(친할 친)(끊을 절) → '切'자는 쓰임에 따라 뜻과 소리가 달라지는 글자입니다. 참 切(끊을 절, 온통 체)

61 使命(사명)▸(하여금 사)(목숨 명) : ① 맡겨진 임무. ② 사신(使臣)이나 사절(使節)로서 받은 명령.

67 功過▸(공 공)(지날 과) → 여기에서 '過'자는 '과실'을 뜻합니다.

70 正副(정부)▸(바를 정)(버금 부) : 으뜸과 버금.

71 良否(양부)▸(어질 량)(아닐 부) : 좋음과 나쁨. → '否'자는 '아니'라는 뜻을 나타내는 말로, 여기에서는 '不良'을 뜻합니다.

75 洞達(통달)▸(밝을 통)(통달할 달) → '洞'자는 쓰임에 따라 뜻과 소리가 달라지는 글자입니다. 참 洞(골 동, 밝을 통)

85 知的(지적)▸(알 지)(과녁 적) : 지식이나 지성에 관한 것. → '的'자는 (일부 명사 뒤에 붙어서) '그런 성격을 띤', '그에 관계된', '그 명사의 상태로 된'의 뜻을 더하는 접미사입니다.

88 收支(수지)▸(거둘 수)(지탱할 지) → 뜻이 서로 상대되는 한자로 결합된 반대자입니다.

09회 예상문제 85쪽~87쪽

01	방범	02	탈곡	03	이별	04	주변
05	속칭	06	계층	07	토벌	08	풍성
09	성현	10	취미	11	진통	12	특단
13	약지	14	비판	15	축재	16	총액
17	엄숙	18	폐장	19	대원	20	거부
21	기장	22	결혼	23	초청	24	연구
25	권장	26	상황	27	제안	28	여권
29	박차	30	이식	31	團束	32	要因
33	敬老	34	産苦	35	品種	36	貯金
37	無料	38	鮮明	39	停電	40	級友
41	對局	42	當選	43	感服	44	所用
45	風聞	46	決意	47	情熱	48	피 혈
49	이어맬 계	50	물결 파	51	절제할 제	52	베풀 선
53	바퀴 륜	54	패할 패	55	법 범	56	터럭 발
57	일 흥	58	눈 안	59	성낼 노	60	쓸 소
61	깊을 심	62	樂觀	63	遠洋	64	等質
65	節操	66	貴材	67	受, 野	68	出
69	終	70	方	71	大	72	爭 / 戰
73	決 / 切 / 絕	74	獨	75	果 / 勇	76	作 / 造
77	落	78	多	79	分	80	長
81	成	82	養母	83	工事	84	寫生
85	高手	86	自願	87	푸대접	88	이익과 손해
89	간략하게 나타낸 그림			90	皿		
91	貝	92	示	93	来	94	礼
95	関	96	書	97	價	98	① 援助
99	⑦ 負擔	100	⑧ 到處				

해설

02 脫穀(탈곡)▸(벗을 탈)(곡식 곡) : 곡식의 낟알을 이삭에서 떨어내거나 겉겨를 벗겨내는 일.

03 離別(이별)▸(떠날 리)(다를 별)
→ 뜻이 서로 비슷한 한자로 결합된 유의자입니다.
→ '離'자는 본음이 '리'이나 여기에서는 두음법칙에 의해 '이'로 적습니다.
참 62. 樂觀(락관 → 낙관) 87. 冷待(랭대 → 냉대) 88. 利害(리해 → 이해)

05 俗稱(속칭)▸(풍속 속)(일컬을 칭)
: 세속에서 흔히 이르는 말.

06 階層(계층)▸(섬돌 계)(층 층) : 사회적 지위를 형성하는 사람들의 여러 층. → 뜻이 서로 비슷한 한자로 결합된 유의자입니다.

07 討伐(토벌)▸(칠 토)(칠 벌)
: 무력(武力)으로 공격하여 없앰. → 뜻이 서로 비슷한 한자로 결합된 유의자입니다.

09 聖賢(성현)▸(성인 성)(어질 현)
: 성인(聖人)과 현인(賢人).

11 陣痛(진통)▸(진칠 진)(아플 통)
: ① (산모가 해산할 때에) 주기적으로 반복되는 통증. ② 일이 이루어질 무렵에 겪는 어려움.

12 特段(특단)▸(특별할 특)(층계 단) : 특별(特別).

13 藥指(약지)▸(약 약)(가리킬 지) : 약손가락. 넷째 손가락. → '指'자는 '손가락'을 뜻합니다.

15 蓄財(축재)▸(쌓을 축)(재물 재) : 재물을 모음.

17 嚴肅(엄숙)▸(엄할 엄)(엄숙할 숙) → 뜻이 서로 비슷한 한자로 결합된 유의자입니다.

25 勸奬(권장)▸(권할 권)(장려할 장)
: 권하여 장려(奬勵)함. → 뜻이 서로 비슷한 한자로 결합된 유의자입니다.

26 狀況(상황)▸(형상 상)(상황 황) : 일이 되어가는 그 때의 모습이나 형편(形便). → 뜻이 서로 비슷한 한자로 결합된 유의자입니다.
→ '狀'자는 쓰임에 따라 뜻과 소리가 달라지는 글자입니다. **참** 狀(형상 상, 문서 장)

29 拍車(박차)▸(칠 박)(수레 차) : '말을 탈 때 신는 구두의 뒤축에 달려 있는 물건'을 뜻하는 데에서, '어떤 일을 촉진하려고 더하는 힘'을 이르는 말.

37 無料(무료)▸(없을 무)(헤아릴 료) → 여기에서 '料'자는 '값을 받다, 값을 치르다'를 뜻합니다.

43 感服(감복)▸(느낄 감)(옷 복) : 감동하여 충심으로 탄복(歎服)함. → 여기에서 '服'자는 '좇다, 남의 말이나 뜻을 따르다'를 뜻합니다.

45 風聞(풍문)▸(바람 풍)(들을 문)
: 바람처럼 떠도는 소문.

46 決意(결의)▸(결단할 결)(뜻 의)
: 뜻을 정하여 굳게 마음먹음.

65 節操(절조)▸(마디 절)(잡을 조)
: 절개(節槪)와 지조(志操).

67 與受(여수)▸(더불 여)(받을 수) : 물품을 주고 받음. → 여기에서 '與'자는 '주다'를 뜻합니다.

75 果敢(과감)▸(실과 과)(감히 감)
→ 여기에서 '果'자는 '과단성(果斷性)'을 뜻하고, '敢'자는 '용감함'을 뜻합니다.

87 冷待(냉대)▸(찰 랭)(기다릴 대)
→ 여기에서 '待'자는 '대접하다'를 뜻합니다.

10회 예상문제 88쪽~90쪽

01	관중	02	도당	03	발송	04	정신
05	열변	06	확실	07	응원	08	부담
09	증거	10	기여	11	권면	12	윤번
13	궁리	14	비판	15	자태	16	공적
17	존칭	18	절차	19	좌석	20	묘안
21	초청	22	상처	23	시상	24	약혼
25	숙연	26	지속	27	숭배	28	이산
29	이전	30	주위	31	선전	32	환호성
33	② 應援	34	⑤ 姿態	35	⑧ 離散	36	비석 비
37	거짓 가	38	나그네 려	39	고를 균	40	맛 미
41	피곤할 피	42	남을 잔	43	곤할 곤	44	거울 경
45	이마 액	46	살 거	47	빼어날 수	48	가루 분
49	짤 조	50	곳집 고	51	칠 벌	52	늘일 연
53	책 책	54	혀 설	55	着陸	56	面長
57	通念	58	可望	59	惡化	60	當選
61	材質	62	固有	63	各界	64	展示
65	家具	66	風習	67	反對	68	都市
69	所用	70	後孫	71	意見	72	競合
73	貴重	74	責任	75	旧	76	礼
77	売	78	며느리	79	고기잡이 배		
80	영화 상영이 끝남			81	頭	82	始
83	短	84	福	85	加	86	別
87	力	88	雨	89	门	90	過, 失
91	代, 聞	92	有, 患	93	格, 致	94	一, 擧
95	植樹	96	勝因	97	清算	98	모양
99	문서	100	다시				

해설

02 徒黨(도당)▸(무리 도)(무리 당) : ① 불순(不純)한 사람의 무리. ② 집단을 이룬 무리.
→ 서로 뜻이 비슷한 한자로 결합된 유의자입니다.

08 負擔(부담)▸(질 부)(멜 담)
: 어떠한 의무나 책임을 짐.
→ 여기에서 '負'자는 '짐을 지다'를 뜻합니다.

10 寄與(기여)▸(부칠 기)(더불 여)
: 도움이 되도록 이바지함.
→ 여기에서 '與'자는 '주다'를 뜻합니다.

12 輪番(윤번)▸(바퀴 륜)(차례 번)
: 번을 돌아가며 차례로 드는 것.
→ 여기에서 '輪'자는 '돌아가다'를 뜻합니다.

15 姿態(자태)▸(모양 자)(모습 태)
: 어떤 모습이나 모양. [주로, 여성의 고운 맵시나 태도에 대하여 이르며 식물, 건축물, 산 따위를 사람에 비유하여 이르는 말.]
→ 서로 뜻이 비슷한 한자로 결합된 유의자입니다.

16 功績(공적)▸(공 공)(길쌈 적)
: 노력과 수고를 들여 이루어 낸 일의 결과.
→ 여기에서 '績'자는 '공로(功勞)'를 뜻합니다.

18 節次(절차)▸(마디 절)(버금 차)
: 일을 치르는 데 거쳐야 하는 순서나 방법.
→ 여기에서 '節'자는 '단계'를 뜻하고, '次'자는 '차례'를 뜻합니다.

19 座席(좌석)▸(자리 좌)(자리 석) : ① 앉을 수 있게 마련된 자리. ② 여러 사람이 모인 자리.
→ '坐席'으로 쓰는 경우는 잘못된 표기입니다.

25 肅然(숙연)▸(엄숙할 숙)(그럴 연)
: '숙연하다'의 어근으로, '고요하고 엄숙하다.'를 뜻합니다.

26 持續(지속)▸(가질 지)(이을 속)
: 어떤 상태가 오래 계속됨.
→ 여기에서 '持'자는 '지키다, 유지하다'를 뜻합니다.

31 善戰(선전)▸(착할 선)(싸움 전)
: 있는 힘을 다하여 잘 싸움.
→ 여기에서 '善'자는 '잘하다'를 뜻합니다.

57 通念(통념)▸(통할 통)(생각 념)
: 일반적으로 널리 통하는 개념.

62 固有(고유)▸(굳을 고)(있을 유)
: 본래부터 가지고 있는 특유한 것.
→ 여기에서 '固'자는 '본디, 이미'를 뜻합니다.

65 家具(가구)▸(집 가)(갖출 구)
: 집안 살림에 쓰는 기구.
→ 가구(家口) : '집안 식구'를 뜻하는 동음이의어와 혼동하기 쉬우니 주의!

72 競合(경합)▸(다툴 경)(합할 합)
: 서로 맞서 겨룸.
→ 여기에서 '合'자는 '맞서 싸우다'를 뜻합니다.

90 '過失相規(과실상규)'에서 '過失'은 서로 뜻이 비슷한 한자로 결합된 유의자이며, 여기에서 '過'자는 '허물, 잘못'을 뜻합니다.

91 '前代未聞(전대미문)'에서 '未'자는 '아직 ~하지 않다'를 뜻합니다.

93 '格物致知(격물치지)'에서 '格'자는 '이르다'를 뜻하고, '致'자는 '다하다'를 뜻합니다.

97 淸算(청산)▸(맑을 청)(셈 산)
→ 여기에서 '淸'자는 '갚다'를 뜻합니다.

11회 예상문제 91쪽~93쪽

01	관악	02	예상	03	기여	04	분통
05	가칭	06	종파	07	양태	08	각인
09	기공	10	감량	11	노변	12	경구
13	측속	14	제청	15	미각	16	추이
17	사절	18	기연	19	연극	20	미혼
21	취향	22	설전	23	부상	24	인수
25	채취	26	부요	27	광복	28	직접
29	선열	30	의지	31	擧族的	32	투쟁
33	일제	34	탄압	35	運動家	36	亡命
37	정부	38	樹立	39	조직	40	展開
41	意志[30]	42	거족적[31]	43	彈壓[34]	44	운동가[35]
45	전개[40]	46	基本	47	物色	48	反感
49	奉養	50	表情	51	風船	52	全部
53	漁場	54	見習工	55	감독할 독	56	버금 부
57	숨을 은	58	격할 격	59	탈 연	60	베풀 설
61	꺾을 절	62	모을 축	63	경영할 영	64	춤출 무
65	범할 범	66	도울 조	67	기울 경	68	울 명
69	産災	70	正道	71	團旗	72	記寫
73	陸 / 海	74	班	75	樂 / 喜 / 歡	76	冷 / 寒
77	民	78	強 / 固	79	勞	80	說
81	救	82	良	83	⑨滿	84	①統
85	⑤張	86	⑦寢	87	角, 者	88	成, 市
89	開, 有	90	獨, 軍	91	身, 成	92	対
93	党	94	広	95	女	96	支
97	立	98	④離脫	99	⑨問招	100	②從屬

해설

01 管樂(관악)▸(대롱 관)(노래 악) : 관악기로 연주하는 음악. → '管'자의 '대롱'은 '가느스름한 통대의 토막'을 뜻합니다.

03 寄與(기여)▸(부칠 기)(더불 여) : 도움이 되도록 이바지함.

05 假稱(가칭)▸(거짓 가)(일컬을 칭) : 임시 또는 거짓으로 정하여 부르는 이름. → '稱'자의 '일컫다'는 '이름 지어 부름, 가리켜 말함'을 뜻합니다.

06 宗派(종파)▸(마루 종)(갈래 파) : 종가(宗家)의 계통을 지파(支派)에 상대하여 이르는 말.

07 樣態(양태)▸(모양 양)(모습 태) : 사물이 존재하는 모양이나 태도. 모습. 상태. 양상(樣相). → 뜻이 서로 비슷한 한자로 결합된 유의자입니다.

08 刻印(각인)▸(새길 각)(도장 인) : 도장(圖章)을 새김.

09 氣孔(기공)▸(기운 기)(구멍 공) : ① 숨구멍. ② (식물의 호흡·증산 때) 공기나 수증기의 통로.

11 路邊(노변)▸(길 로)(가 변) : 길가. → '路'자는 본음이 '로'이나 여기에서는 두음법칙에 의해 '노'로 적습니다.

13 測速(측속)▸(헤아릴 측)(빠를 속) : 속도(速度)를 잼.

14 提請(제청)▸(끌 제)(청할 청) : 어떤 안건을 제시하여 결정하여 달라고 요청함.

16 推移(추이)▸(밀 추)(옮길 이) : 시간의 경과에 따라 일이나 형편이 변하여 나가는 일. → 여기에서 '推'자는 '옮다, 변천하다'를 뜻합니다.

17 謝絕(사절)▸(사례할 사)(끊을 절) : 받아들이지 않고 물리침.

18 機緣(기연) ▸ (틀 기)(인연 연) : 어떤 기회를 통하여 일어나는 계기, 또는 그렇게 맺어진 인연.

25 採取(채취) ▸ (캘 채)(가질 취) : ① 베거나 캐거나 하여 얻어 냄. ② 찾거나 받아서 거두어 챙김.

26 婦謠(부요) ▸ (며느리 부)(노래 요)
: 예전에, 부녀자들이 부르던 민요.

74 班常(반상) ▸ (나눌 반)(떳떳할 상) : 양반과 상사람. → '상사람'은 조선 중기 이후에 '평민(平民)'을 이르던 말입니다.

78 堅强/剛(견강) ▸ (굳을 견)(강할 강/굳셀 강)
: '견강하다'의 어근으로, '성질 따위가 매우 굳세고 단단함'을 뜻합니다.

83 滿期(만기) / 滿發(만발) / 自滿(자만) / 滿潮(만조)
▸ 滿潮(만조) ▸ (찰 만)(조수 조)
: 밀물이 가장 높은 해면까지 들어오는 현상.
▸ 自滿(자만) ▸ (스스로 자)(찰 만) : 스스로 흡족하게 여김.
참 自慢(자만) ▸ (스스로 자)(거만할 만) : 스스로 뽐내고 자랑하며 오만하게 행동함.

84 系統(계통) / 傳統(전통) / 統制(통제) / 統治(통치)
▸ 系統(계통) ▸ (이어맬 계)(거느릴 통) : 일정한 체계에 따라 이어져 있는 부분 무리들의 관계.
▸ 統制(통제) ▸ (거느릴 통)(절제할 제) : 일정한 방침이나 목적에 따라 제한(制限)하거나 제약(制約)함.

85 冊張(책장) / 主張(주장) / 張數(장수) / 張燈(장등)
▸ 張數(장수) ▸ (베풀 장)(셈 수)
: 종이나 유리 따위처럼 넓고 넓적한 물건의 수효. → 여기에서 '張'자는 '얇고 넓적한 물건을 세는 단위'를 뜻합니다.
▸ 張燈(장등) ▸ (베풀 장)(등 등) : 등불을 켜 놓음.

86 就寢(취침) / 寢具(침구) / 寢床(침상) / 午寢(오침)
▸ 寢床(침상) ▸ (잘 침)(상 상)
→ '床'자는 '牀'자와 쓰임이 같은 이체자입니다.

12회 예상문제

94쪽~96쪽

01	유배	02	장정	03	유람	04	청원
05	규율	06	항거	07	절벽	08	총살
09	강신	10	폐점	11	균등	12	준칙
13	성황	14	차익	15	비평	16	말단
17	점거	18	확인	19	잡지	20	발각
21	상태	22	두주	23	협조	24	여록
25	무악	26	결번	27	휘두를 휘	28	권할 권
29	벼리 기	30	대쪽 간	31	칭송할 송 / 기릴 송		
32	씨 핵	33	이을 속	34	만날 우	35	탄알 탄
36	판 국	37	재물 자	38	赤字	39	庭園
40	同情	41	空手	42	考査	43	敗北
44	惡材	45	選擧	46	到着	47	調和
48	児	49	参	50	独	51	初
52	知	53	事	54	救	55	同
56	給 / 與	57	罪	58	農	59	高
60	結	61	知 / 記	62	屋 / 宅	63	意 / 志
64	席	65	過	66	口	67	行
68	田	69	⑤屈折	70	④衆智	71	②國是
72	社會的	73	親舊間	74	共同體	75	競爭
76	相對	77	利己心	78	不幸	79	희망
80	존경	81	정신	82	주변	83	地位
84	形便	85	身世	86	공동체[74]	87	경쟁[75]
88	이기심[77]	89	短時日	90	學用品	91	種類別
92	說明	93	成長	94	宿題	95	不知
96	元老	97	藥效	98	重患者	99	住宅
100	人道橋						

해설

01 流配(유배)▸(흐를 류)(나눌 배) : 죄인을 귀양 보내던 일. → '流'자는 본음이 '류'이나 여기에서는 두음법칙에 의해 '유'로 적습니다.

02 壯丁(장정)▸(장할 장)(장정 정)
: 나이가 젊고 기운이 왕성한 남자.

04 請願(청원)▸(청할 청)(원할 원)
: 바라는 바가 이루어지도록 청하고 원함.

05 規律(규율)▸(법 규)(법칙 률) → 뜻이 서로 비슷한 한자로 결합된 유의자입니다.

06 抗拒(항거)▸(겨룰 항)(막을 거)
: 순종하지 아니하고 맞서서 버팀.
→ 뜻이 서로 비슷한 한자로 결합된 유의자입니다.

09 降神(강신)▸(내릴 강)(귀신 신) : '신이 내리게 한다.'는 뜻에서, '제사에서 처음 잔을 올리기 전에 신을 내리게 하기 위하여 향을 피우고 술을 따라 모사(茅沙) 위에 붓는 일'을 말함.
→ '降'자는 쓰임에 따라 뜻과 소리가 달라지는 글자입니다. 참 降(내릴 강, 항복할 항)

11 均等(균등)▸(고를 균)(무리 등) → 뜻이 서로 비슷한 한자로 결합된 유의자입니다.

14 差益(차익)▸(다를 차)(더할 익)
: ① 매매의 결과나 가격 변동 따위로 생기는 이익. ② 비용을 빼고 남은 이익.

15 批評(비평)▸(비평할 비)(평할 평)
→ 뜻이 서로 비슷한 한자로 결합된 유의자입니다. 참 16. 末端(말단)

17 占據(점거)▸(점령할 점)(근거 거) : ① 일정한 장소를 차지하여 자리를 잡음. ② 점령(占領).

20 發覺(발각)▸(필 발)(깨달을 각)
: 숨겼던 것이 드러남.

21 狀態(상태)▸(형상 상)(모습 태) : 사물이나 현상이 놓여 있는 모양이나 형편. → '狀態'는 뜻이 서로 비슷한 한자로 결합된 유의자입니다.
→ '狀'자는 쓰임에 따라 뜻과 소리가 달라지는 글자입니다. 참 狀(형상 상, 문서 장)

22 斗酒(두주)▸(말 두)(술 주) : 한 말 정도의 분량이 되는 술.
→ '斗'자의 '말'은 '곡식, 액체, 가루 따위의 분량을 되는 데 쓰는, 열 되가 들어가게 나무나 쇠붙이로 만든 그릇'을 뜻합니다.

24 餘錄(여록)▸(남을 여)(기록할 록)
: 어떤 정식 기록에서 빠진 나머지 사실의 기록.

25 舞樂(무악)▸(춤출 무)(노래 악) : 궁중무용(宮中舞踊)에 맞추어 연주하는 아악(雅樂).

43 敗北(패배)▸(패할 패)(달아날 배)
→ '北'자는 쓰임에 따라 뜻과 소리가 달라지는 글자입니다. 참 北(북녘 북, 달아날 배)

60 起結(기결)▸(일어날 기)(맺을 결) : ① 사물의 처음과 끝. ② 한시에서, 기구(起句)와 결구(結句).

61 記識(기지)▸(기록할 기)(기록할 지) : 기록(記錄)함. → '識'자는 쓰임에 따라 뜻과 소리가 달라지는 글자입니다. 참 識(알 식, 기록할 지)

95 철不知(철부지)▸(아닐 불)(알 지) : 철없는 어린아이. → '철不知'에서 '철'은 '사리(事理)를 분별할 수 있는 힘'을 뜻합니다.
→ '不知(부지)'처럼 'ㄷ'이나 'ㅈ'으로 시작하는 말 앞에 오는 '不'자는 '부'로 읽고 적습니다.

96 元老(원로)▸(으뜸 원)(늙을 로)
: 경험과 공로가 많은 사람.

13회 예상문제 97쪽~99쪽

01	영양	02	축약	03	자원	04	축적
05	구성	06	연타	07	결격	08	진도
09	부담	10	투지	11	자세	12	폭락
13	혈통	14	후사	15	표준	16	효험
17	격렬	18	영현	19	미지	20	도당
21	도청	22	위압	23	침선	24	극비
25	탐방	26	혁대	27	그늘 음	28	연구할 구
29	높을 존	30	장사 상	31	근심 환	32	법칙 률
33	두 재	34	고를 균	35	붙일 속	36	진 액
37	가지 조	38	先考	39	社員	40	以前
41	水災	42	敬老	43	氷炭	44	競爭
45	冷熱	46	洗練	47	令愛	48	观
49	万	50	変	51	神, 一	52	分, 去
53	寸, 鐵	54	雪, 寒	55	日, 氣	56	實
57	集	58	果	59	加	60	見 / 現
61	團	62	末 / 節	63	別 / 異	64	選 / 採
65	勞 / 困	66	骨	67	寸	68	止
69	④時調	70	⑥交流	71	②敗走	72	大東, 地圖
73	存在	74	自主性	75	고려	76	제작
77	獨特	78	技法	79	정확	80	계승
81	위급	82	상황	83	偉大	84	유산
85	百姓	86	대동輿여지도[72]			87	製作[76]
88	正確[79]	89	繼承[80]	90	公共	91	用品
92	原動力	93	雨天	94	種子	95	親和
96	不過	97	銀河水	98	草原	99	自足
100	景氣						

해설

02 縮約(축약) ▸ (줄일 축)(맺을 약)
: 줄여서 간략(簡略)하게 함.

04 蓄積(축적) ▸ (모을 축)(쌓을 적) : 지식(知識) · 경험(經驗) · 자금(資金) 따위를 많이 모아서 쌓음.
→ 뜻이 서로 비슷한 한자로 결합된 유의자입니다.

06 連打(연타) ▸ (이을 련)(칠 타) : (야구에서) 계속하여 때리거나 쳐서 안타(安打)가 이어지는 일.

07 缺格(결격) ▸ (이지러질 결)(격식 격)
: 필요한 자격(資格)을 제대로 갖추고 있지 못함.

08 珍島(진도) ▸ (보배 진)(섬 도)
: 전라남도 진도군에 속하는 섬.

09 負擔(부담) ▸ (질 부)(멜 담)
: 의무나 책임 따위를 짊어짐.
→ '負'자는 '질'은 '지다'는 말로, '싸움에 지다, 등에 짐을 지다, 책임을 지다' 등을 뜻합니다.

12 暴落(폭락) ▸ (사나울 폭)(떨어질 락)
: ① 값이나 주가 등이 갑자기 큰 폭으로 떨어짐.
② 인기 따위가 갑자기 떨어짐.

13 血統(혈통) ▸ (피 혈)(거느릴 통)
: 같은 핏줄을 타고난 같은 겨레붙이 계통. 핏줄.

14 厚謝(후사) ▸ (두터울 후)(사례할 사)
: 후하게 사례(謝禮)함.

17 激烈(격렬) ▸ (격할 격)(매울 렬)
: '격렬하다'의 어근으로, '말이나 행동이 세차고 사나움'을 이르는 말. → 뜻이 서로 비슷한 한자로 결합된 유의자입니다.

18 榮顯(영현) ▸ (영화 영)(나타날 현)
: 지위(地位)가 높아지고 명예(名譽)를 떨침.

19 未知(미지)▸(아닐 미)(알 지) : 아직 알지 못함.

20 徒黨(도당)▸(무리 도)(무리 당) : ① 불순(不純)한 사람의 무리. ② 떼를 지은 무리.

22 威壓(위압)▸(위엄 위)(누를 압) : 위엄・위력 따위로 압박하거나 정신적으로 억누름.

23 針線(침선)▸(바늘 침)(줄 선)
: 바늘과 실. 바느질.

43 氷炭(빙탄)▸(얼음 빙)(숯 탄) : '얼음과 숯'이라는 뜻에서, '서로 상반되거나 크게 차이가 나서 서로 용납하지 못하는 관계'를 이르는 말.
→ 뜻이 서로 상대되는 한자로 결합된 반대자입니다.

45 冷熱(냉열)▸(찰 랭)(더울 열) → 뜻이 서로 상대되는 한자로 결합된 반대자입니다.

47 令愛(영애)▸(하여금 령)(사랑 애)
: 남이나 윗사람의 '딸'을 높여 이르는 말.

60 隱現/見(은현)▸(숨을 은)(나타날 현)
: 숨었다 나타났다 함. → '隱現/見'에서 '見'자는 쓰임에 따라 뜻과 소리가 달라지는 글자입니다.
참 見(볼 견, 뵈올 현)

62 季末(계말)▸(계절 계)(끝 말) : 말세(末世).
→ '季末'에서 '季'자는 '끝, 말년' 등을 뜻합니다.

73 存在(존재)▸(있을 존)(있을 재) → 뜻이 서로 비슷한 한자로 결합된 유의자입니다.
참 75. 考慮(고려) 76. 製作(제작) 80. 繼承(계승) 83. 偉大(위대)

99 自足(자족)▸(스스로 자)(발 족)
: ① 스스로 넉넉하게 느낌. ② 필요한 것을 스스로 충족(充足)시킴.

100 景氣(경기)▸(볕 경)(기운 기)
: 경제 활동의 상황.

14회 예상문제 100쪽~102쪽

01	절통	02	창달	03	장탄	04	채광
05	비탄	06	희극	07	극빈	08	소류
09	증손	10	인주	11	경관	12	피곤
13	부담	14	만조	15	동요	16	묘경
17	과찬	18	격투	19	토벌	20	증거
21	초청	22	지휘	23	맥압	24	총평
25	감축	26	소진	27	추이	28	후사
29	혼선	30	자태	31	겨룰 항	32	비평할 비
33	고리 환	34	법 범	35	떠날 리	36	높을 숭
37	이마 액	38	소나무 송	39	장막 장	40	다칠 상
41	샘 천	42	갈래 파	43	찾을 탐	44	뭍 륙
45	늘일 연	46	본뜰 모	47	뜻 취	48	넓을 보
49	방해할 방	50	불터질 폭	51	말씀 사	52	춤출 무
53	宿患	54	考案	55	擧手	56	士氣
57	急流	58	價格	59	醫術	60	再活
61	基金	62	意圖	63	旅費	64	永生
65	要領	66	友愛	67	感動	68	課題
69	商品	70	停戰	71	充當	72	結, 草
73	下, 不	74	強, 記	75	實, 事	76	口
77	苦	78	氷	79	班	80	集
81	打	82	法	83	福 / 祝	84	失
85	省 / 監 / 檢 / 觀 / 査			86	決	87	筆寫
88	必死	89	斤	90	比	91	月
92	変	93	独	94	団		
95	가축을 놓아기르는 일			96	아버지의 사촌 형제		
97	도중에 쉬지 않고 끝까지 달림					98	①亂立
99	③共用	100	⑦異端				

해설

01 切痛(절통)▸(끊을 절)(아플 통) : 뼈에 사무치도록 몹시 원통(冤痛)함. → '切'자는 쓰임에 따라 뜻과 소리가 달라지는 글자입니다.
참 切(끊을 절, 온통 체). 一切(일체 / 일절)

02 創黨(창당)▸(비롯할 창)(무리 당)
: 정당을 새로 만듦.

04 採鑛(채광)▸(캘 채)(쇳돌 광) : 광석을 캐냄.
→ '鑛'자의 '쇳돌'은 '쇠붙이의 성분이 섞여 있는 돌'을 뜻합니다.

08 笑留(소류)▸(웃음 소)(머무를 류)
: (선물 따위를 할 때, 편지 글에서) '보잘것없는 물건이지만 웃으며 거두어 주십시오.'라는 뜻으로, 겸손하게 이르는 말. 소납(笑納).

09 增損(증손)▸(더할 증)(덜 손) : 많아지거나 적어짐 또는 늘림과 줄임. 증감(增減). → 뜻이 서로 상대되는 한자로 결합된 반대자입니다.

12 疲困(피곤)▸(피곤할 피)(곤할 곤) → 뜻이 서로 비슷한 한자로 결합된 유의자입니다.

16 妙境(묘경)▸(묘할 묘)(지경 경)
: ① 말할 수 없을 정도로 경치가 뛰어난 곳.
② 예술이나 재주 등의 절묘한 경지.

17 過讚(과찬)▸(지날 과)(기릴 찬)
: 정도에 지나치게 칭찬함. → 여기에서 '過'자는 '지나침'을 뜻하고, '讚'자의 '기리다'는 '잘하는 일과 좋은 점을 추어서 말함'을 뜻합니다.

19 討伐(토벌)▸(칠 토)(칠 벌)
: 무력(武力)으로 공격하여 없앰.

23 脈壓(맥압)▸(줄기 맥)(누를 압)
: 심장의 최고 혈압(수축기의 혈압)과 최저 혈압(확장기의 혈압)의 차이.

26 消盡(소진)▸(사라질 소)(다할 진)
: 점점 줄어들어 다 없어짐.

29 混線(혼선)▸(섞을 혼)(줄 선) : ① (통신 따위에서) 신호나 통화가 뒤섞여 통신이 엉클어지는 일.
② 말이나 일 따위가 서로 뒤섞여 혼란이 생김.

53 宿患(숙환)▸(잘 숙)(근심 환) : 오래된 병환.

54 考案(고안)▸(생각할 고)(책상 안)
: 연구하여 새로운 방법이나 물건을 생각해 냄.

55 擧手(거수)▸(들 거)(손 수) : (찬성과 반대, 경례 따위의 의사 표시로) 손을 위로 들어 올림.

56 士氣(사기)▸(선비 사)(기운 기)
: ① 자신감이 충만하여 굽힐 줄 모르는 병사들의 기세. ② 선비의 꿋꿋한 기개.

65 要領(요령)▸(요긴할 요)(거느릴 령)
: 가장 요긴하고 으뜸이 되는 줄거리.

70 停戰(정전)▸(머무를 정)(싸움 전) : 두 편이 합의에 따라 일시적으로 전투를 중단하는 일.

81 投打(투타)▸(던질 투)(칠 타)
: 투구(投球)와 타격(打擊).

84 遺失(유실)▸(남길 유)(잃을 실)
: 소유하고 있던 돈이나 물건 따위를 잃어버림.
→ 여기에서 '遺'자는 '잃어버림'을 뜻합니다.

87 筆寫(필사)▸(붓 필)(베낄 사) : 베껴 씀.

88 必死(필사)▸(반드시 필)(죽을 사)
: 죽을힘을 다함.

15회 예상문제 103쪽~105쪽

01	극형	02	주위	03	자태	04	비평
05	은밀	06	풍흉	07	혁대	08	조산
09	총탄	10	권항	11	독침	12	굴복
13	탐험	14	사류	15	정비	16	후원
17	칭찬	18	액상	19	항변	20	상처
21	조직	22	탈속	23	토벌	24	선포
25	장벽	26	도피	27	의존	28	공극
29	유세	30	연착	31	힘줄 근	32	맞을 영
33	검소할 검	34	칠 격	35	들을 청	36	잘 침
37	부칠 기	38	감독할 독	39	곡식 곡	40	알 란
41	이마 액	42	울 명	43	가 변	44	넓을 보
45	칠 공	46	높을 숭	47	분할 분	48	납 연
49	맞을 적	50	숨길 비	51	직분 직	52	옮길 이
53	動止	54	初代	55	育成	56	庭園
57	表紙	58	高手	59	基地	60	要約
61	惡材	62	注入	63	救命	64	流通
65	다시	66	경	67	난국	68	打開
69	會談	70	再開	71	決定	72	無, 人
73	風, 和	74	因, 果	75	知, 足	76	回, 生
77	新	78	出	79	賣	80	同
81	向	82	結 / 築	83	重	84	住
85	任	86	末 / 終	87	旅客	88	思考
89	許可	90	勹	91	至	92	氵(水)
93	医	94	伝	95	鉄	96	實
97	當	98	② 是認	99	④ 謝罪	100	⑧ 祭器

해설

01 極刑(극형) ▸ (극진할 극)(형벌 형) : '가장 무거운 형벌'이라는 뜻에서, '사형(死刑)을 이르는 말.

02 周圍(주위) ▸ (두루 주)(에워쌀 위) → 뜻이 서로 비슷한 한자로 결합된 유의자입니다.

참 04. 批評(비평) 21. 組織(조직) 23. 討伐(토벌) 26. 逃避(도피)

05 隱密(은밀) ▸ (숨을 은)(빽빽할 밀)
: '隱密하다'의 어근으로, '숨어 있어서 겉으로 드러나지 아니함'을 이르는 말.

08 早産(조산) ▸ (이를 조)(낳을 산)
: 해산달이 다 차기 전에 아이를 낳음.

10 勸降(권항) ▸ (권할 권)(항복할 항)
: 항복(降伏)하도록 권함.

12 屈伏(굴복) ▸ (굽힐 굴)(엎드릴 복)
: ① 머리를 숙이고 꿇어 엎드림. ② 힘이 모자라서 뜻을 굽히고 복종함. 굴복(屈服).

14 絲柳(사류) ▸ (실 사)(버들 류) : 수양버들.

18 液狀(액상) ▸ (진 액)(형상 상)
: 물질이 액체로 되어 있는 상태.
→ '狀'자는 쓰임에 따라 뜻과 소리가 달라지는 글자입니다.

참 狀(형상 상, 문서 장). 狀態(상태). 賞狀(상장).

19 抗辯(항변) ▸ (겨룰 항)(말씀 변) : 상대의 주장에 대하여 대항(對抗)하여 변론(辯論)함.

21 組織(조직) ▸ (짤 조)(짤 직)
: ① 날실과 씨실을 걸어 천을 짜는 일. ② 목적을 달성하기 위하여 일정한 지위와 역할을 지닌 사람이나 물건이 모여서 체계 있는 집단을 이룸.
→ 뜻이 서로 비슷한 한자로 결합된 유의자입니다.

22 脫俗(탈속)▸(벗을 탈)(풍속 속)
: ① 이익을 추구하는 마음으로부터 벗어남. 탈진(脫塵). ② 속세(俗世)를 벗어남.

24 宣布(선포)▸(베풀 선)(베 포)
: 세상에 널리 알림. → '布'자는 쓰임에 따라 뜻과 소리가 달라지는 글자입니다.
참 布(베 / 펼 포, 보시 보). 布告(포고). 布施(보시).

28 孔劇(공극)▸(구멍 공)(심할 극) : '孔劇하다'의 어근으로, '심하고 지독함'을 이르는 말.
→ 여기에서 '孔'자는 '매우, 심히'를 뜻합니다.

29 遊說(유세)▸(놀 유)(달랠 세) : 각처로 돌아다니며 자기 의견이나 소속 정당의 주장을 선전함.
→ '說'자는 쓰임에 따라 뜻과 소리가 달라지는 글자입니다. 참 說(말씀 설, 기쁠 열, 달랠 세). 解說(해설). 說樂(열락). 說客(세객).

30 延着(연착)▸(늘일 연)(붙을 착)
: 정하여진 날짜나 시간보다 늦게 도착(到着)함.

57 標識(표지)▸(표할 표)(기록할 지)
→ '識'자는 쓰임에 따라 뜻과 소리가 달라지는 글자입니다. 참 識(알 식, 기록할지)

62 注入(주입)▸(부을 주)(들 입)
: ① 액체를 흘러 들어가도록 부어 넣음. ② 지식을 기계적으로 기억하고 암기하도록 가르침.

70 再開(재개)▸(두 재)(열 개) : 한동안 중단되었던 어떤 활동이나 회의 따위를 다시 시작함.

75 安分知足(안분지족)▸(편안 안)(나눌 분)(알 지)(발 족) → 여기에서 '分'자는 '분수(分數 : 자기 신분에 맞는 한도)'를 뜻합니다.

82 結構(결구)▸(맺을 결)(얽을 구) : 일정한 형태가 되도록 얽거나 짜서 만듦 또는 그렇게 만든 모양새.

4급 한자능력검정시험 정답 및 해설

01회 기출 · 예상문제 143쪽~145쪽

01	칭찬	02	관리	03	사담	04	오인
05	창조	06	엄숙	07	위로	08	고려
09	혼잡	10	적극	11	수비	12	효성
13	통제	14	응분	15	비평	16	과정
17	예술	18	두발	19	배치	20	관직
21	종사	22	검박	23	세밀	24	역적
25	곤경	26	통한	27	미래	28	감격
29	절묘	30	시가지	31	民族	32	給料
33	發展	34	領土	35	式場	36	農村
37	奉仕	38	患者	39	人間	40	勇氣
41	病苦	42	價格	43	歷史	44	親舊
45	英雄	46	競爭	47	祝福	48	外形
49	急速	50	責任	51	近代化	52	道德性
53	②	54	⑥	55	⑨	56	볼 람
57	찾을 탐	58	칠 박	59	겨룰 항	60	울 명
61	닫을 폐	62	거짓 가	63	모양 자	64	칠 토
65	말씀 사	66	법 헌	67	따뜻할 난	68	캘 채
69	다할 진	70	이마 액	71	피곤할 피	72	감독할 독
73	쾌할 쾌	74	샘 천	75	広	76	写
77	礼	78	등짐 장수	79	남아 있음	80	철로 만든 다리
81	末	82	童	83	住		
84	始 / 初	85	冷 / 寒	86	自	87	山
88	宀	89	广	90	散	91	夕
92	害	91	說	94	馬	95	有識
96	可信	97	名士	98	통	99	악
100	좋아할						

해설

01 稱讚(칭찬) ▸ (일컬을 칭)(기릴 찬) : 좋은 점이나 착하고 훌륭한 일을 높이 평가함.
→ 여기에서 '稱'자는 '칭찬하다'를 뜻합니다.

02 管理(관리) ▸ (대롱 관)(다스릴 리) : ① 어떤 일의 사무를 맡아 처리함 ② 사람을 통제하고 지휘하며 감독함.
→ 여기에서 '管'자는 '맡다, 주관(主管)하다'를 뜻합니다.

10 積極(적극) ▸ (쌓을 적)(극진할 극) : 사물에 대하여 긍정하고 능동적으로 활동함.
→ 여기에서 '積'자는 '머무르다. 긍정하다'를 뜻합니다.

13 統制(통제) ▸ (거느릴 통)(절제할 제) : 일정한 방침이나 목적에 따라 제한하거나 제약함.

14 應分(응분) ▸ (응할 응)(나눌 분) : 어떠한 분수나 정도에 알맞음.
→ 여기에서 '應'자는 '당(當)하다'를 뜻하고, '分'자는 '분수, 능력'을 뜻합니다.

19 配置(배치) ▸ (나눌 배)(둘 치) : 사람이나 물자 따위를 일정한 자리에 알맞게 나누어 둠.
→ 여기에서 '配'자는 '나누다, 걸맞다'를 뜻합니다.

22 儉朴(검박) ▸ (검소할 검)(성 박) : 검소하고 소박함.
→ 여기에서 '朴'자는 '소박(素朴)하다'를 뜻합니다.

→ 검소와 사치 : '검소(儉素)'는 수입을 헤아려서 지출하는 것을 뜻하고, '사치(奢侈)'는 분수에 넘치게 지출하는 것을 뜻한다. 반면 분수보다 모자라게 쓰는 것은 인색(吝嗇)하다고 말한다.

23 細密(세밀)▸(가늘 세)(빽빽할 밀) : 자세하고 꼼꼼하다.
→ 여기에서 '密'자는 '빈틈없다. 꼼꼼하다'를 뜻합니다.

29 絕妙(절묘)▸(끊을 절)(묘할 묘) : 비할 데가 없을 만큼 아주 묘하다.
→ 여기에서 '絕'자는 '뛰어나다. 비할 데가 없다'를 뜻하고, '妙'자는 '말할 수 없이 빼어나고 훌륭하다'를 뜻합니다.

32 給料(급료)▸(줄 급)(헤아릴 료) : 일에 대한 대가로 고용주가 지급하는 돈.
→ 여기에서 '料'자는 '삯, 급여(給與)'를 뜻합니다.

37 奉仕(봉사)▸(받들 봉)(섬길 사) : 국가나 사회 또는 남을 위하여 자신을 돌보지 아니하고 힘을 바쳐 애씀.
→ 여기에서 '仕'자는 '섬기다, 일하다, 종사하다'를 뜻합니다.

45 英雄(영웅)▸(꽃부리 영)(수컷 웅) : 지혜와 재능이 뛰어나고 용맹하여 대중이 하기 어려운 일을 해내는 사람.
→ 여기에서 '英'자는 '재주가 뛰어나다'를 뜻합니다.

96 可信(가신)(옳을 가)(믿을 신) : 믿을 만하다.
→ 여기에서 '可'자는 '~할 만하다'를 뜻합니다.

98 洞(골 동 / 밝을 통) : 통찰(洞察), 통시(洞視), 통촉(洞燭), 통달(洞達), 통지(洞知), 통연(洞然).

100 樂(좋아할 요) : 요산요수(樂山樂水).

02회 기출 · 예상문제

146쪽~148쪽

01	성실	02	요구	03	연구	04	채록
05	휴가	06	한산	07	임무	08	연결
09	주연	10	체계	11	박수	12	세기
13	정도	14	압제	15	군중	16	달변
17	초성	18	승부	19	내용	20	계승
21	간호	22	자원	23	단계	24	권세
25	지극	26	접종	27	이해	28	여념
29	자존심	30	탐험가	31	方案	32	旅行
33	團合	34	民間	35	教育	36	登壇
37	溫情	38	良識	39	商業	40	雪山
41	效果	42	再建	43	德目	44	戰爭
45	土地	46	分野	47	說話	48	時調
49	財物	50	字母	51	新大陸	52	現代人
53	③	54	⑥	55	⑩	56	선비 유
57	뜻 취	58	가 변	59	마을 촌	60	뼈 골
61	머무를 정	62	칠 격	63	집 옥	64	법 헌
65	팔 매	66	싸움 투	67	낳을 산	68	재앙 재
69	살필 찰	70	베낄 사	71	책 편	72	받들 봉
73	마칠 종	74	숯 탄	75	学	76	鉄
77	独	78	불을 미리 막음			79	이른 아침
80	쌀값	81	量	82	下	83	充
84	來	85	利	86	凶	87	土
88	日	89	示	90	過	91	賞
92	耳	93	直	94	葉	95	消失
96	使命	97	兵士	98	현	99	글
100	지날						

해설

02 要求(요구)▸(요긴할 요)(구할 구) : 받아야 할 것을 필요에 의하여 달라고 청함.
→ 여기에서 '要'자는 '바라다, 요구하다'를 뜻하고, '求'자는 '청하다'를 뜻합니다.

04 採錄(채록)▸(캘 채)(기록할 록) : 필요한 자료를 찾아 모아서 적거나 녹음함.
→ 여기에서 '採'자는 '채취하다, 수집하다, 채택하다'를 뜻합니다.

06 閑散(한산)▸(한가할 한)(흩을 산) : ① 거래가 한산하다 ② 인적이 드물어 한적하고 쓸쓸하다.
→ 여기에서 '散'자는 '한가하다'를 뜻합니다.

09 主演(주연)▸(주인 주)(펼 연) : 연극·영화에서 주인공 역을 맡아 연기하는 일 또는 그런 사람.
→ 여기에서 '主'자는 '주인공'을 뜻합니다.

12 世紀(세기)▸(인간 세)(벼리 기) : ① 백 년을 단위로 하는 기간 ② 백 년 동안을 세는 단위 ③ 일정한 역사적 시대나 연대.
→ 여기에서 '紀'자는 '서력(西曆)에서, 그리스도 탄생을 기원으로 하여 100년을 1기로 하는 시대 구획의 단위'를 뜻합니다.

14 壓制(압제)▸(누를 압)(절제할 제) : 권력이나 폭력으로 남을 꼼짝 못 하게 강제로 누름.
→ 여기에서 '制'자는 '억제(抑制)하다, 금(禁)하다'를 뜻합니다.

16 達辯(달변)▸(통달할 달)(말씀 변) : 능숙하여 막힘이 없는 말 또는 그렇게 말을 잘하는 사람. 달변가.

19 內容(내용)▸(안 내)(얼굴 용) : ① 그릇이나 포장 따위의 안에 든 것 ② 사물의 속내를 이루는 것 ③ 모든 표현 매체 속에 들어 있는 것.
→ 여기에서 '容'자는 '속내, 속에 든 것'을 뜻합니다.

26 接種(접종)▸(이을 접)(씨 종) : 병의 예방, 치료, 진단, 실험 따위를 위하여 세균, 백신 등을 몸에 주입(注入)함.
→ 여기에서 '接'자는 '심다'를 뜻합니다.

31 方案(방안)▸(모 방)(책상 안) : 일을 처리하거나 해결하여 나갈 방법이나 계획.
→ 여기에서 '方'자는 '방법'을 뜻하고, '案'자는 '안건(案件)'을 뜻합니다.

36 登壇(등단)▸(오를 등)(단 단) : ① 연단(演壇)이나 교단(敎壇) 같은 곳에 오름. ② 어떤 사회적 분야에 처음으로 등장함.
→ 여기에서 '壇'자는 '강단, 사회, 특수 사회의 구성원'을 뜻합니다.

43 德目(덕목)▸(큰 덕)(눈 목) : 인(仁), 의(義), 효(孝), 충(忠) 따위의 덕을 분류하는 명목.
→ 여기에서 '目'자는 '이름, 명칭'을 뜻합니다.

50 字母(자모)▸(글자 자)(어미 모) : 한 개의 음절을 자음(子音)과 모음(母音)으로 갈라서 적을 수 있는 낱낱의 글자.

90 功過相半(공 공)(지날 과)(서로 상)(반 반)
→ 여기에서 '過'자는 '허물, 잘못'을 뜻합니다.

96 使命(사명)▸(하여금 사)(목숨 명) : 사자(使者)로서 받은 명령.
→ 여기에서 '使'자는 '사자(使者)'를 뜻하고, '命'자는 '명령(命令)'을 뜻합니다.

98 見(뵈올 현) : 알현(謁見). 조현(朝見).

99 經(글 경/지날 경) : 경전(經典). 불경(佛經). 성경(聖經) / 경험(經驗). 경로(經路). 경유(經由)

03회 기출 · 예상문제 149쪽~151쪽

01	무장	02	형태	03	취침	04	경제
05	처리	06	권장	07	추이	08	양상
09	연기	10	근원	11	세부	12	시각
13	확보	14	폭격	15	대상	16	항변
17	혁신	18	취미	19	굴복	20	요소
21	지배	22	인식	23	변화	24	존재
25	손상	26	탐구	27	구조	28	결격
29	규율	30	측량	31	파병	32	유전적
33	③ 對象	34	④ 抗辯	35	⑥ 損傷	36	베풀 장
37	부지런할 근	38	쓸 소	39	심할 극	40	고요할 정
41	결단할 결	42	넓을 박	43	막을 거	44	가릴 택
45	아닐 부	46	형세 세	47	쌓을 축	48	응할 응
49	기쁠 희	50	이를 도	51	소리 성	52	빌 허
53	가을 추	54	뼈 골	55	集中	56	約束
57	體操	58	歷史	59	選擧	60	發表
61	物價	62	善惡	63	美德	64	書面
65	旅行	66	一致	67	英雄	68	案件
69	鐵道	70	末席	71	曲線	72	卓球
73	景氣	74	服用	75	万	76	広
77	号	78	그대로 본떠서 그림				
79	솔숲 / 소나무 숲			80	혀끝	81	救
82	觀	83	責	84	落	85	明
86	主	87	鳥	88	穴	89	田
90	苦, 來	91	言, 耳	92	事, 必	93	災, 地
94	草, 綠	95	友情	96	代身	97	加算
98	살필 / 살피다			99	덜 / 덜다	100	알리다

해설

01 武裝(무장) ▸ (호반 무)(꾸밀 장)
: 전투에 필요한 장비를 갖춤.
참 무장(武將) : 무관(武官)으로서의 장수(將帥)를 뜻하는 말과 혼동하기 쉬우므로 주의해야 합니다.

02 形態(형태) ▸ (모양 형)(모습 태)
: 사물의 생김새나 모양.
→ 서로 뜻이 비슷한 한자로 결합된 유의자입니다.

05 處理(처리) ▸ (곳 처)(다스릴 리) : 일을 절차에 따라 정리하여 치르거나 마무리를 지음.
→ 여기에서 '處'자는 '처리하다'를 뜻합니다.

06 勸奬(권장) ▸ (권할 권)(장려할 장)
: 권하여 장려함. → 서로 뜻이 비슷한 한자로 결합된 유의자입니다.

07 推移(추이) ▸ (밀 추)(옮길 이) : 일이나 형편이 시간의 경과에 따라 변하여 나감.

08 樣相(양상) ▸ (모양 양)(서로 상)
: 사물이나 현상의 모양이나 상태.
→ 여기에서 '相'자는 '모습, 모양'을 뜻합니다.

12 視覺(시각) ▸ (볼 시)(깨달을 각)
: 눈을 통해 빛의 자극을 받아들이는 감각 작용.
참 시각(時刻) : 시간의 어느 한 시점.
시각(視角) : 사물을 관찰하고 파악하는 기본적인 자세.

15 對象(대상) ▸ (대할 대)(코끼리 상)
: 어떤 일의 상대 또는 목표나 목적이 되는 것.
→ 여기에서 '象'자는 '형상'을 뜻합니다.

17 革新(혁신) ▸ (가죽 혁)(새 신)
: 묵은 풍속, 관습, 조직, 방법 따위를 완전히 바꾸어서 새롭게 함.
→ 여기에서 '革'자는 '고치다'를 뜻합니다.

19 屈伏(굴복)▸(굴할 굴)(엎드릴 복)
: 머리를 숙이고 꿇어 엎드림.
→ '굴복(屈服)'과 쓰임이 같은 한자어입니다.

21 支配(지배)▸(지탱할 지)(나눌 배)
: 어떤 사람이나 집단, 조직, 사물 등을 자기의 의사대로 복종하게 하여 다스림.
→ 여기에서 '支'자는 '가르다'를 뜻합니다.

22 認識(인식)▸(알 인)(알 식) : 사물을 분별하고 판단하여 앎. → 서로 뜻이 비슷한 한자로 결합된 유의자입니다.

28 缺格(결격)▸(이지러질 결)(격식 격) : 필요한 자격을 갖추고 있지 못함. 자격이 모자람.
→ 여기에서 '缺'자는 '모자라다'를 뜻하고, '格'자는 '자격'을 뜻합니다.

29 規律(규율)▸(법 규)(법칙 률)
: 질서나 제도 유지를 위해 정해 놓은, 행동의 준칙이 되는 본보기.
→ 모음이나 'ㄴ' 받침 뒤에 이어지는 '렬/률'은 '열/율'로 적습니다.

31 派兵(파병)▸(갈래 파)(병사 병) : 군대를 파견함.
→ 여기에서 '派'자는 '보내다, 갈라져 나가다'를 뜻합니다.

64 書面(서면)▸(글 서)(낯 면) : ① 글씨를 쓴 지면. ② 일정한 내용을 적은 문서.

66 一致(일치)▸(한 일)(이를 치)
: 비교되는 대상들이 서로 같거나 들어맞음.

70 末席(말석)▸(끝 말)(자리 석) : ① 차례에서 맨 끝 자리. ② 지위나 직위 따위에서 제일 낮은 자리. ③ '자기 자리'를 겸손하게 이르는 말.

04회 기출·예상문제 152쪽~154쪽

01	잡지	02	作品	03	例年	04	수준
05	風力	06	分野	07	적용	08	勞動力
09	절감	10	生産性	11	向上	12	기여
13	경제	14	成長	15	要因	16	근면
17	財物	18	저축	19	敎養	20	투자
21	萬歲	22	담당	23	團體	24	감시
25	탄압	26	진상	27	責任	28	所在
29	再發	30	방지	31	客觀	32	立場
33	公平	34	처리	35	상벌	36	엄격
37	部下	38	존경	39	流通	40	多少
41	용이	42	석권	43	競爭	44	정보
45	通信	46	技術	47	행정	48	조직
49	축소	50	정확	51	由來	52	추측
53	②	54	④	55	⑩	56	노래 요
57	떠날 리	58	높을 숭	59	뜻 취	60	성낼 노
61	나타날 현	62	고를 균	63	옮길 이	64	겨룰 항
65	헤아릴 료	66	도울 원	67	다할 궁	68	마칠 종
69	섞을 혼	70	울 명	71	넉넉할 우	72	깨끗할 결
73	도망할 도	74	넓을 보	75	数	76	挙
77	関	78	말싸움	79	빠짐없이 모두 갖춤		
80	가지가 가늘고 긴 버들			81	良	82	談
83	宅	84	健	85	出	86	消
87	邑 / 阝	88	豕	89	門	90	言 / 耳
91	天 / 外	92	空 / 後	93	千 / 一	94	者 / 友
95	使命	96	汽船	97	地圖	98	덜다
99	북녘	100	달아날				

해설

03 例年(예년)▸(법식 례)(해 년) : 보통의 해.
→ 일기 예보에서 '예년'은 '지난 30년 간의 기후의 평균적 상태'를 이르는 말이다.
→ '例'자의 본음은 '례'이나 여기에서는 두음법칙에 따라 '예'로 읽고 적는다.

04 水準(수준)▸(물 수)(준할 준) : 사물의 가치나 질 따위의 기준이 되는 일정한 표준이나 정도.
참 수준기(水準器) : 면이 평평한가를 재거나 기울기를 조사하는 데 쓰는 기구.

06 分野(분야)▸(나눌 분)(들 야)
: 여러 갈래로 나누어진 범위나 부분.
참 중국 전국 시대, 천문가가 천하를 하늘의 이십팔수에 나눈 것에서 유래한 말.
→ 여기에서 '野'자는 '별자리'를 뜻한다.

07 適用(적용)▸(맞을 적)(쓸 용)
: 알맞게 이용하거나 맞추어 씀.
→ 여기에서 '適'자는 '알맞다'를 뜻한다.

09 節減(절감)▸(마디 절)(뺄 감) : 아끼어 줄임.
→ 여기에서 '節'자는 '절약하다'를 뜻한다.

11 向上(향상)▸(향할 향)(윗 상) : 실력, 수준, 기술 따위가 나아짐 또는 나아지게 함.
→ 여기에서 '上'자는 '오르다'를 뜻한다.

12 寄與(기여)▸(부칠 기)(더불 여)
: 도움이 되도록 이바지함.
→ 여기에서 '與'자는 '주다'를 뜻한다.

22 擔當(담당)▸(멜 담)(마땅 당) : 어떤 일을 맡음.
→ 여기에서 '擔'자는 '(떠)맡다'를 뜻하고, '當'자는 '(임무, 책임을) 맡다'를 뜻한다.

25 彈壓(탄압)▸(탄알 탄)(누를 압) : 권력이나 무력 따위로 억지로 눌러 꼼짝 못하게 함.
→ 여기에서 '彈'자는 '꾸짖다'를 뜻한다.

26 眞相(진상)▸(참 진)(서로 상) : 사물이나 현상의 거짓 없는 모습이나 내용. 참된 모습.
→ 여기에서 '相'자는 '모습, 모양, 형상'을 뜻한다.

34 處理(처리)▸(곳 처)(다스릴 리)
: 절차에 따라 정리하여 치르거나 마무리를 지음.
→ 여기에서 '處'자는 '처리하다'를 뜻한다.

41 容易(용이)하다▸(얼굴 용)(쉬울 이)
: 어렵지 아니하고 매우 쉽다. → 여기에서 '容'자는 '(손)쉽다'를 뜻한다. '易'자는 뜻에 따라 뜻과 소리가 달라짐에 주의!
참 易(바꿀 역, 쉬울 이)

52 推測(추측)▸(밀 추)(헤아릴 측)
: 미루어 생각하여 헤아림. → 여기에서 '推'자는 '헤아리다, 추측하다'를 뜻한다. '推'자는 뜻에 따라 소리가 달라짐에 주의!
참 推(밀 추, 밀 퇴)

81 改善(개선)▸(고칠 개)(착할 선) : 잘못된 것이나 부족한 것 따위를 고쳐 더 좋게 만듦.
→ 여기에서 '善'자는 '좋다, 훌륭하다'를 뜻한다.

86 消極(소극)▸(사라질 소)(극진할 극)
: 앞으로 나아가거나 상황을 좋게 만들려는 기백이 부족하고 비활동적임.
→ 여기에서 '消'자는 '물러서다'를 뜻한다.

90 忠言逆耳(충언역이) : 바른 말은 귀에 거슬린다.
비 양약고구(良藥苦口)

92 空前絕後(공전절후) : 전무후무(前無後無)

94 益者三友(익자삼우) : 삼익우(三益友).
→ '심성이 곧은 벗, 믿음직한 벗, 문견이 많은 벗'을 이른다.

05회 기출 · 예상문제 155쪽~157쪽

01	固有	02	전통	03	보존	04	共感
05	能力	06	成長	07	국제화	08	선도
09	처지	10	安全	11	원만	12	해결
13	過去	14	未練	15	과감	16	의지
17	개혁	18	정치	19	모범	20	태도
21	평균	22	無理	23	體重	24	건강
25	旅行	26	기상	27	이동	28	到着
29	야영	30	준비	31	수려	32	耳目口鼻
33	觀客	34	호흡	35	使用量	36	격증
37	停電	38	고장	39	복구	40	所要
41	才致	42	기지	43	위급	44	상황
45	발휘	46	적절	47	凶年	48	속출
49	家財	50	곤궁	51	구제	52	칭송
53	④	54	⑦	55	⑨	56	살필 찰
57	새 조	58	깨끗할 결	59	힘쓸 무	60	씨 핵
61	생각 념	62	볼 간	63	묶을 속	64	얼음 빙
65	은혜 혜	66	말씀 담	67	높을 숭	68	낮 주
69	섬길 사	70	샘 천	71	어질 량	72	닫을 폐
73	고기잡을 어			74	빛날 요	75	写
76	価	77	号	78	권하여 장려함		
79	후세에 남은 은덕			80	적의 공격이나 침략을 막아서 지킴		
81	路	82	望				
83	争	84	悪	85	明	86	死
87	目	88	广	89	夕	90	言 / 利
91	九 / 牛	92	以 / 直	93	苦 / 樂	94	結 / 草
95	自給	96	養育	97	思考	98	그을
99	모질	100	사나울				

해설

01 固有(고유)▸(굳을 고)(있을 유)
: 본래부터 가지고 있는 특유한 것. → 여기에서 '固'자는 '처음부터, 원래, 본디'를 뜻한다.

02 傳統(전통)▸(전할 전)(거느릴 통)
: 지난 시대에 이미 이루어져 계통을 이루며 전하여 내려오는 사상 · 관습 · 행동 따위의 양식.
→ 여기에서 '統'자는 '계통(系統)'을 뜻한다.

07 國際(국제)▸(나라 국)(즈음 제)
: 나라와 나라 사이에 관계됨.
→ 여기에서 '際'자는 '만나다, 사귀다'를 뜻한다.

11 圓滿(원만)▸(둥글 원)(찰 만)
: 일의 진행이 순조롭다. → 여기에서 '滿'자는 '너그럽다, 흡족하다'를 뜻한다.

14 未練(미련)▸(아닐 미)(익힐 련) : 딱 잘라 단념하지 못하고 끌리는 데가 남아 있는 마음.
→ '未'자는 '아직 ~하지 못하다'를 뜻한다.

15 果敢(과감)하다▸(실과 과)(감히 감)
: 과단성이 있고 용감하다. → 여기에서 '果'자는 '과단성이 있다, 과감하다'를 뜻한다.

17 改革(개혁)▸(고칠 개)(가죽 혁)
: 제도나 기구 따위를 새롭게 뜯어고침.
→ 여기에서 '革'자는 동물로부터 가죽을 손으로 벗기는 모양을 본뜬 상형자로, '벗긴 가죽을 무두질하여 새롭게 하다'는 뜻에서, '고치다'를 뜻한다.

20 態度(태도)▸(모습 태)(법도 도)
: 어떤 일이나 상황 따위를 대하는 마음가짐 또는 그 마음가짐이 드러난 자세.
→ 여기에서 '度'자는 '모양, 모습, 풍채'를 뜻한다.

22 無理(무리) ▸ (없을 무)(다스릴 리) : 도리나 이치에 맞지 않거나 정도에서 지나치게 벗어남.
→ 여기에서 '理'자는 '도리(道理), 이치(理致)'를 뜻한다.

26 起床(기상) ▸ (일어날 기)(상 상)
: 잠자리에서 일어남.
→ 여기에서 '床'자는 '평상(平床/平牀)'을 뜻하는데, '牀'자와 모양은 다르나 쓰임이 같다.

29 野營(야영) ▸ (들 야)(경영할 영) : 휴양이나 훈련을 목적으로 야외에 천막을 쳐 놓고 하는 생활.
→ 여기에서 '營'자는 '진영(陣營)'을 뜻한다.

36 激增(격증) ▸ (격할 격)(더할 증)
: 수량이 갑자기 늘거나 불어남.
→ 여기에서 '激'자는 물이 바위 따위에 부딪쳐 물보라를 튀긴다는 뜻에서 '맹렬하다'를 뜻한다.

39 復舊(복구) ▸ (회복할 복)(예 구)
: 손실 이전의 상태로 회복함. → '復'자는 쓰임에 따라 뜻과 소리가 달라지는 글자이다.
참 復(다시 부, 회복할 복)

44 狀況(상황) ▸ (형상 상)(상황 황) : 일이 되어 가는 과정이나 형편.

46 適切(적절)하다 ▸ (맞을 적)(끊을 절) : 꼭 알맞다.
→ '切'자는 쓰임에 따라 뜻과 소리가 달라지는 글자이다.
참 切(끊을 절, 온통 체)

84 好惡(호오) ▸ (좋을 호)(미워할 오) : 좋음과 싫음.
→ '惡'자는 쓰임에 따라 뜻과 소리가 달라지는 글자이다.
참 惡(악할 악, 미워할 오)

92 以實直告(이실직고)
→ '以'자는 '~에 따라, ~에 의해서, ~대로'를 뜻하고, '實'자는 '내용, 실질'을 뜻한다.

한자능력 검정시험 4급

• 인　쇄 · 2024년 2월 5일
• 발　행 · 2024년 2월 10일

• 엮은이 · 원 기 춘
• 발행인 · 최 현 동
• 발행처 · 신 지 원

저자와의 협의하에 인지 생략

• 주　소 · 07532
서울특별시 강서구 양천로 551-17, 813호(가양동, 한화비즈메트로 1차)

• T E L · (02) 2013-8080~1
F A X · (02) 2013-8090
• 등　록 · 제16-1242호
• 교재구입문의 · (02) 2013-8080~1

정가 15,000원

ISBN 979-11-6633-394-1 15710